passion
of the books, by the books, for the books

越讀者

十週年增訂版

郝明義 著

張妙如 圖

除了愛情，
沒有任何事情像閱讀這樣讓我們覺得，
遲來的開始也可以如此美好

即使愛情，
也沒法像閱讀這樣讓我們覺得，
越界之舉，可以如此新奇

增訂版序

《越讀者》出版後的十年間，我自己對閱讀的認知有兩個
主要的變化。

首先，比起十年前，網路上的閱讀不但有更快速也成熟的
推展，更因爲社群與協作的出現，產生了新的生命。

第二，我長時間思索紙本書存在於網路時代的意義，終於
找到答案，也可以重新解釋閱讀紙本書的價值。

這次《越讀者》的增訂版，架構和章節的調整，就是爲了
體現這兩點變化，但更以後者爲主軸。

此外，原來的初版《越讀者》，我寫作的對象涵蓋了各種
年齡層和身分的讀者。但現在因爲我已經專門針對中學階
段的少年另外寫了一本《尋找那本神奇的書》，所以我在
增訂《越讀者》的時候，就把大學以上及出了社會的人當
作主要的讀者。

《尋找那本神奇的書》，是和中學階段掙扎於考試波濤中
的讀者一起面對閱讀這件事情，及早思考如何保持清醒，
並找出自救之道。現在增訂版的《越讀者》，則是更聚焦
於已經離開前一階段，並且持續感興趣於閱讀的人，和他
們一起回顧來時路，找出先前留下的後遺症加以解決，並
且善用上岸後的環境和條件，跨越種種和閱讀相關的障礙
和界限。

這樣，《越讀者》全書重新調整為七個部份：

Part 1　跨越學校的記憶

整體檢視因為中學階段考試教育的影響，對大學階段及出了社會之後所產生的後遺症，以及應有的心理準備。

Part 2　跨越四種閱讀飲食

閱讀是給心智的飲食。經由這種比喻，重新認識閱讀的四種分類與可能，恢復對閱讀的胃口。

Part 3　跨越網路

網路閱讀對我們的意義和價值。為什麼今天一方面可以不需要文字和書，另一方面如果配合得起來的話，為什麼可以有如插翼的跑車。

Part 4　跨越紙本書

相對於網路閱讀所代表的各種動態與白晝的特質，紙本書及其主要承載的文字內容，代表一種靜態與黑夜的特質。並探討如何透過詩、哲學、小說、歷史等不同門類的閱讀，來體會這種特質。

Part 5　跨越方法與工具

以如何創造閱讀的時間，加上閱讀的「五加一力」為主要核心，再把初版裡散布的各種方法和工具集中到這裡。

Part 6　跨越七道階梯

跨越閱讀的七道階梯，應該是閱讀的人都應該走過的路。這一個部份保持初版的章節架構，

但一些文章的內容隨全書架構的調整而有部份改寫。

Part 7　跨越夢想

有關閱讀與夢想的關係，初版雖然有提到但不明顯。在增訂版裡，特別列出這個部份，寫閱讀與夢想的兩種關係，閱讀與提升人生層次的關係。

在架構的調整下，有些文章是新寫的。譬如，〈當紙本書是一個黑夜〉。

有些文章刪掉。譬如，〈為什麼不必是網路〉，只保留了部份內容放到另一篇新寫的〈思索了十三年的問題〉裡當附文。

有些文章是原有的，但位置有調整。譬如，〈最好有一個心儀的對象〉改放到「跨越夢想」的那個部份。

有些文章改寫部份內容後，搭配前後文換了一個新標題。譬如，〈影像的力量〉改為〈當白晝與黑夜的力量匯合時〉。

有些文章的標題沒改，但內容大幅改寫。譬如，〈結語：第三類文盲及 Leonard Cohen 的歌〉這一篇。

總之，閱讀是和個人成長、社會環境、時代氛圍互動發展的事情，也因此，會受到種種自覺或不自覺、有意或無意的限制。我希望增訂版的《越讀者》能從多個面向更清楚地呈現這些限制的所在，並探討可以如何超越。

《越讀者》出版十年以來，眾多讀者的回應，給了我很多啓發。這次的增訂版，除了希望能表達這十年來我對閱讀的新感受之外，也期待讀者繼續指教。

感謝大家。

《尋找那本神奇的書》針對中學階段的少年而寫。（Net and Books 出版）

一本期待了很久的書

洪蘭

這是一本我期待了很久的書，一本沒有說教、完全從讀者觀點出發的閱讀書，尤其是作者對小說的看法，眞是深得我心。我在大學的時候，曾經非常羨慕念中文系的同學，以爲他們可以光明正大地看小說，然後理直氣壯的說「我在做功課」，不必像我們一樣，看小說得偷偷摸摸，有很深的罪惡感。後來一位從中文系轉出來的同學告訴我，我太天眞了，當看一本小說，心中必須存著分析的意圖：分析角色、分析句法、分析句子背後隱藏的作者眞正涵意時，它將讀小說的樂趣都剝奪光了，所以他轉去念歷史系，歷史一樣要分析，但是在讀的時候，心中已經認爲應該要分析，所以不會排斥它，分析就不認爲是苦。

我聽了大失所望，眞是別家的草地比較綠，每行有每行的苦經，後來到美國去留學，看到美國的老師和家長都非常鼓勵孩子看小說，他們的學生可以大大方方夾著小說在校園裡走，不必覺得別人在讀正書而我在看小說，反而是小說看得越多的人越自豪，在有文藝水準的晚宴上，主客談的都是最新排行榜的暢銷小說，沒有看過的人插不上嘴，還覺得自己很遜。

這對在高中時被教官沒收許多本金庸小說的我眞是很大衝擊，常在想閱讀的目的是什麼，不就是增廣見聞，增加詞彙並透過書中人物來體會人生嗎？如果是這樣，看小說有什麼不對？爲什麼要禁止？現在很高興，終於有人站出來把我心中的話講出來了。

郝明義先生把閱讀定義爲給頭腦的飲食，把它和給身體的飲食做了一個類比，也分成了主食——解決生存需求的閱讀；美食——思想需求的閱讀；蔬果——工具需求的閱讀，和甜食——休閒需求的閱讀。小說不爲參考或查證，沒有一定目的，純粹爲了娛樂、消遣，追求的是口感，依個人喜好而不同，所以作者說在飛香港的商務艙內看到一位衣著時髦的小姐聚精會神的看一本書，邊看邊做筆記，他很好奇是什麼書這麼吸引這位美貌的佳人，所以極力偷窺書的名字，到飛機降落，這位小姐把書合上，準備下機時，他終於瞄到了封面，原來是一本暢銷的談如何成功的書，令他大失所望，這小姐的美貌程度立刻大打折扣，的確，如果是我，我也會覺得很遺憾。

閱讀小說很像書中的一個例子，一個卡通片中的主角想回家，但是人在千里之外回不去，他泫然飲泣，旁邊人告訴他你回得去啊，不要哭，這個人隨手在銀幕上畫了一個門，說我們可以畫個門，門打開就回到家了，因爲我們在卡通的世界中。他把門打開，果然就回到家了，這個例子的寓意很深，小說不是事實，但它是眞實，在書中，我們隨著書中人物的悲歡離合而忽喜忽悲，但是把書合上，這一切都煙消雲散，不曾發生過，還有什麼比小說更好的教導學生人生意義的東西呢？

閱讀眞的就像那扇畫的門，走進這個門，我們進入想像的世界，乘著文字的翅膀，無遠弗屆，所以西諺說「打開一本書，打開一個世界」，像愛麗絲夢遊仙境一樣，經歷人生各種逆境，身體忽大忽小，一句話說錯就差點被紅心皇后砍頭，但是一覺醒來，仍在大樹下，你會拍拍胸口，很慶幸這一切都不是眞的，但是看小說所產生豐厚的同理心感情會增加記憶的深度，下次碰到同樣的情境時，會提取書中的經驗來應付。

書中檢討了為什麼我們的孩子不喜閱讀，郝明義先生把教科書歸類為維生素，它補充我們的營養，但是它本身不是主食，不能跟澱粉質畫上等號。如果教科書是維生素，它就可有可無，只要平日飲食均衡，沒有攝取維生素，身體一樣可以好好的，完全沒有必要叫學生背教科書，維生素怎能當飯吃呢？如果把它當飯吃，這個人要生病的。

作者引用民初教育家夏丏尊先生的話：「教科書專為學習而編，所記載的只是各種學科大綱，原不是什麼了不得的著作，但是對學習還是有價值的工具」，一語道破教科書的本質，它只是綱要，告訴學生哪些主題是應該要知道的，老師應該根據這綱要骨架去補充內容，去填上血和肉，成為活生生的人，一個再美的人如果只看到骨骸是無法產生美感的，這對歷史來說尤其如此，歷史是分析前朝得失，並從中汲取教訓，它絕不是背年代而已，很可悲的是現在大部份學生都不喜歡歷史，因為背年代把他們的胃口給背壞了，標準答案也把學生獨立思考的能力背不見了，作者說背書是把大腦的 CPU 當硬碟來用，CPU 被浪費了不說，要使用起別的硬碟時，也無從下手。

要求學生記住所有讀過的書，就好像要求吃東西的人把所有他吃過的東西都保存起來一樣。叔本華這個比喻非常生動，一句話讓我們看到要求學生背書，錯一個字要打一下是多麼的不合理，只要入學考試不以教科書的內容為唯一出題根據，不考填空或選擇題而以學生的看法為主，目前的歪風會改正很多。閱卷的公平性可以借鏡作文的閱卷方式，畢竟電腦閱卷是公平的手段，學生大腦中讀進去了什麼才是考試的目的，不能為了手段犧牲了目的。

假如這本書能夠使主管國家百年大計的教育官員看到閱讀對孩子身心成長的重要性，大力推展閱讀，應該可以紓解

青春期荷爾蒙大量湧出的澎湃感情起伏，使孩子平穩度過青春風暴期。

十六世紀英國的哲學家培根說：「歷史使人聰明，詩歌使人有想像力，數學使人精確，自然哲學使人深刻，倫理學使人莊重，邏輯學和修辭學使人善辯，讀書能陶冶個性，每一種心理缺陷，都有一種特殊的補救良方」，每一種書都有它的作用，但是也沒有什麼是非讀不可的書，胡適說「多讀書，然後可以專讀一書」，先廣而後精，要讓學生選擇他喜歡的書。只要領進門了，我們就做到了啓蒙的責任，以後的修行就在個人了。

這是一本教人如何起步，帶他進入正確閱讀之門的書，我極力推薦它。

學校沒教的事 代序

吳繼文

1991 年春日某個夜晚，我被本書作者——那時是我的頂頭上司——推攘上山，愣頭愣腦皈依了一個師父，不久又糊里糊塗打了個禪七。

到那時為止，三十好幾的人了，一直自認是個文學人：做的，讀的，想的，都是文學，也好像都是為了文學。

後來發生了很多事，自己的人生之路變得曲折多歧，偶爾稍加回顧，發現竟是那天，那個關鍵的夜晚，我開始走上越界的旅途。

我天生對人家越是確信的事總是抱持懷疑，所以對宗教自然刀槍不入，而且自信可以很理性、清明地面對生命：我**就是**這樣的人，就是要做這樣的事，就是要這樣面對世界，就是要這樣活下去……

這麼多的「就是這樣」，意思是從過去到現在、以及未來，可以通通透透，一以貫之。可一旦開始有了信仰，你才真正看清了，那個通透，其實是**一無所見**，那樣理所當然，不過是虛張聲勢。為什麼？因為宗教讓你多了一個審視自身存有的眼目，你看見到此為止你所有認知的極限，及其侷限；因為你看到了時間——萬事萬物的時節因緣：「天下任何事皆有定時，生有時，死有時……」（《聖經‧舊約‧傳道書》）在那之前，除了愛情的焦慮外，你的人生大致順遂；可當你清楚看到貫穿一切的時間，看到它非連續、無目的之本質，於是自以為幸福的你始知（海德格的）「憂畏」，突然在（禪者所說的）「謎團」前面窒悶欲死。你的存有突然充滿不確定性：「古佛言，有時高高峰頂立，有時深

14

深海底行……」（道元《正法眼藏・有時》）存**有**即**時間**。存在自有軌跡；存有也不只是存有本身。於是，你和一切都連上線了：你既是獨一，又是那整體，「諸法意先導，意主意造作」（南傳《法句經・雙品》），你就是你所想的；對你而言，世界也是你所創造、定義的。可是你對自己了解有多少？而不了解這個世界，不能感應種種真實，你又如何了解自身？

儘管一向的生活主旋律就是買書、讀書、編書、譯書、寫書，此時稍加檢視這一切營為，卻發現不堪深究：你不過是把這些當作知識的獲取與交流，想要跟上朋友的話題、掩飾自己的無知，說穿了就是把知識當作人生的裝飾！

看破了這一點虛榮，才知道要認真看書（之前，比較像是給書看），也才開始懂得謙卑求知。那時青春已遠，時節微近中年，你得重新開始，而你已經沒有多少容許試行錯誤的時間；此外，同輩友人這時也多半處在人生的大關卡上，家庭、事業、夢想，無一不等著做出重大抉擇：我就要這樣過完我的一生嗎？沒有旁人能幫你做決定。就像病痛，你必須一個人承受；亦如死亡，你只能獨行。

重新摸索閱讀之路，大概就是那樣的心情。

記得念佛經的第一個障礙，是咒語。「南無・喝囉怛那・哆囉夜耶・南無・阿唎耶・婆盧羯帝・爍鉢囉耶」（《大悲咒》），怪字已經夠多了，還有人告訴你「無」要念「磨」，「那」要念「怒」，「囉」要念「辣」，真是眼花撩亂。受過聲韻學訓練的你，知道在音譯此咒的時代，這些字的發音肯定接近梵文原音，而且每個字都有它的意思。可是你一問這個師父、那個大德，到書店、圖書館翻查，結果發現根本沒有人在乎這件事，千百年下來大家不都這樣念慣了，只有你信仰不堅才會無事生非。

逛書店、瀏覽書架，有個挺好玩的現象，就像我們對陌生人或動物一樣：當你不關心的時候，你就沒有感覺。有些書明

明一直擺在書架上，由於你對那類主題沒興趣，於是它就像從來沒出現過；一旦興趣來了，相關的書馬上浮現。有一天在常去的重慶南路三民書店，突然瞥見一本《大悲咒研究》，鼠灰色美術紙封面，沒有任何線條圖案設計，一看就知道是**自費出版**的書。打開一瞧，作者收集了二十種《大悲咒》版本，包括各種可能的梵文羅馬字拼音。這簡直像專為你的需要而編寫！原來「喝囉怛那」是「ratna」，「珍寶」；「哆囉夜」是「traya」，即印歐語系基本共通的數字「三」（想想「three」）。佛典、咒語常在起始處先禮敬「佛、法、僧」三寶，然後才進入內文。這樣的理解，和悶著頭念「南無．喝囉怛那．哆囉夜耶」眞是差太多了。

看完這本書，受益良多，於是寫了封信向作者林先生致意。不久得到回應，才知道林居士是家經營有年的小型化工企業負責人，本業極爲繁重，卻大量收集佛教文獻，並長期聘用四位兼職員工和他一起整理、出版各種主題研究。第一次去拜訪他，他給我的見面禮是剛出爐、菊八開近九百頁的《金剛經譯本集成》！後來念《楞嚴經》到第七卷遇到更巨大的一堵咒牆──將近三千字的楞嚴神咒，什麼「勃陀勃地．薩跢鞞弊」、「瞋陀夜彌．雞囉夜彌」，有的字都不知該怎麼念，遑論解意了。沒關係，有林居士，中、英、日各種資料立刻入手。

兩個毫無淵源的佛教界外人竟能如是邂逅，想想，這樣的路也不怎麼孤獨嘛。

這些年除了盡量避免游談無根外，出外旅行也不再遊山玩水，選擇前往的地點，多是當下閱讀所關注的地域人事，哪知去印尼日惹趕巧遇到雅加達暴動歇市，在斯里蘭卡多次出入可倫坡銀行街爆炸現場，到印度菩提迦耶時比哈爾省有火車出軌，北奧賽梯三百多名人質死亡事件之後不久我又去了俄羅斯，於是就有那慧眼獨具的朋友出而揭發我的眞實身分：你一定是無惡不作的美國中情局特派員！

這當然是玩笑話,但在踽踽而行的閱讀之路上,你一方面就像情報員一樣,身負祕密任務(只有你知道你想要什麼),也不知此行能否成功(找到你要的資料線索)。然而有趣的是,就像好萊塢電影一樣,你每到一地,彷彿就會**有組織事先安排好**的工作人員出來接應;我的意思是說,當你走入知識的霧區或誤區,信不信由你,你所需要的善知識,有形、無形的助力,總是會適時出現。

記得當我開始閱讀利瑪竇神父事蹟時,需要深入了解耶穌會教士的養成過程;除了文獻資料外,我很想和一位資深的耶穌會士面談。那時我和自上海遠適美國佛州的歷史學家楊寬夫婦常通信聯絡,他們都是虔誠天主教徒,有一次信中說要介紹一位友人給我認識(潛台詞是希望我能皈依天主),以此機緣,我和輔大神學院的張春申神父成了忘年之交,他正好是耶穌會中華省前任省會長。後來我又想多知道耶穌會組織內部,以及發展現狀,但不好老纏著年耄的張神父;有一天小說家朱天心大概聽到我說什麼了,過來跟我說:「繼文,我小舅是現任耶穌會省會長,如果你想……」哈勒路亞!

日本天台僧圓仁的《入唐求法巡禮行記》是流傳下來最早的私人日記,詳細記載他和兩位徒弟航渡中國,請法不順,本應限期離境,最後在活躍於山東的朝鮮人技術指導下假失蹤、真跳船,獲得居留許可,於是一路前往五台山朝聖,又到都城長安掛單,不意遭遇武宗廢佛,和天下僧尼一起被迫還俗,輾轉回返故國,前後歷時九年七個月的中國見聞。由於圓仁獨到的觀察力,為後人留下了許多中國史書所無或語焉不詳的第一手資料。但在研讀中,也發現一些當時人認為理所當然因而不會多加描述的細節,比方中央政府如何管制在廣袤國土中穿州過縣的行旅?圓仁日記中的「公驗」、「過所」是什

麼，有什麼區別，如何使用？用現代說法，這是「國內旅行簽證」，沒這東西是無法出遠門的。這絕對是歷史研究領域的冷門話題，沒想到北京中華書局正好出版了印量兩千（以人口比例而言，等於在台灣只印了三十五本）的《唐代過所研究》，解答了我所有疑惑。要在過去，我大概不會瞄這本書一眼吧。

順著這條理路，我讀日僧成尋的《參天台五台山記》了解了宋代交通管理，讀朝鮮儒者崔溥《漂海錄》、許美叔《荷谷先生朝天記》、朴趾源《熱河日記》，彷彿鮮明目睹明、清兩代自遼東入關進京以及沿大運河上京兩條路線的詳細過程。

通過這一切，又會產生兩個視點：他者眼中的中土，以及古代的旅行，於是……

好奇心是沒有止境的。你首先必須看見他者，才能觸摸到這個世界；知道了這個世界，你或可初步了解自己。正如愛書也很會讀書的唐諾所言，下一本書就藏在你此刻正讀著的這本書裡面，而這種動力基本上是非功利的，沒有人要你這樣，你也不一定要證明什麼，你只知道，唯有通過這種非常私我的、綿密的內在對話，你才會感覺你像個**完整的人**。

台灣人並不陌生的人類學家鳥居龍藏，小學沒畢業，卻通過自我養成，而成為東京帝大教授，行履遍及亞洲各地、著述等身的大學者，他晚年談到自己的信念，語氣鏗鏘：

我不依靠學校畢業證書或職位生活。因為我是我自己所創造出來的，所以我只是我一個人而已。為了創造這樣一個我，我日夜苦心以至於今。因此我是一無依傍地活著；我的象徵就是我自己。不僅如此，我的學問也只是我自己的學問而已。我是這樣獨自地活著，今後也將這

樣活下去。（鳥居龍藏《一個老學徒的手記》）

聽起來好像很自負也很決絕，但整個訊息透露的，卻是誠摯與謙卑，是對個體獨特性的肯定，以及自身生命之軛毫不寬貸的承擔。

話說當年本書作者把無心上班的我撩上山皈依，又慷慨准假讓我打了兩次禪七，原意無非想改造我，看我會不會就此脫胎換骨，提高工作效率；沒想到反而促使我加速告別上班族生涯，走上重新學習之路。

重新開始永遠不嫌遲。有一段話好像是專為我這種自我感覺良好其實駑鈍又無知的人說的。本居宣長（1730～1801）本是開業醫，三十三歲那年獲一學者啟發，開始研究日本最古老的史書《古事記》，歷三十五年撰成四十四卷《古事記傳》，以實證主義的方法，確立有別於中華儒家系統之學問流派，成為日本「國學」的發端。日本文學「物之哀」的美學特徵，也是宣長註解《源氏物語》時提出的創見。關於讀書，他說：

從什麼時候開始做學問都沒有關係。做學問也不用那麼在意有沒有才華。
要攀登山頂從哪裡出發都無所謂。唯一必要的就是持續不斷。
只要能夠這樣，總有攀上峰頂的一天。（本居宣長《登山事始》）

能否攀上峰頂天知道，但唯一能確定的，也是我們自己可以做到的，就是上下求索、持續不斷。

目錄

Part 1　跨越學校的記憶

Part 2　跨越四種閱讀飲食

Part 5　跨越方法與工具

前言：
從一艘新奇的太空船談起

2007 年 1 月，報紙上有一則小小的新聞，談的是一種有別於美國航太總署（NASA），由私人發展的新太空船概念。我循著線索，上網去了那個新聞焦點的源頭「藍色原點」（Blue Origin），看到主事者以這樣的開頭寫了一封信：「我們正在很有耐心，一步一步地，設法降低太空飛行的成本，以便可以讓許多人都可以使用，並且可以讓我們人類更盡情地繼續探索太陽系。」
因此他們的第一個目標是發展一種雖然裝載人數不多，進入太空也只能到「次軌道」（suborbit）的太空船，但這種太空船的突破性在於，可以垂直發射，又垂直著陸。

2006 年 11 月 13 日，這個名為「新謝柏德」（New Shepard）的太空計畫，第一次發射了這種新奇的太空船，雖然最高飛行高度只有 285 呎（87 公尺），但是垂直起降的模式實驗成功。因此接下來你可以看到從 2003 年開始很神祕地進行這個計畫的主事者，在德州買下一塊 670 平方公里太空基地，同時網羅美國許多航太專家來進行這件事情的貝佐斯（Jeff Bezos），像個快樂的孩子一樣在開香檳慶祝。
是的，就是創立亞馬遜網路書店的貝佐斯。他離太空船可以每年發射 52 次，太空旅遊的新未來，更接近了一步。

我對這件事的好奇，是因為新聞裡貝佐斯的名字而勾起。貝佐斯大學讀電腦科學，畢業後進金融業做財務分析，然後成為網路書店的先驅，這些都是大家耳熟能詳的，但是，他怎麼會對太空探索感興趣？什麼時候開始的？

如果知道貝佐斯高中時候，曾經以一篇名為〈零重力對家蠅老化速率之影響〉的論文，贏得 NASA 的學生論文獎，這個疑問就解答了大半。當時十八歲的貝佐斯住在邁阿密，他受招待去參觀過太空飛行控制中心回來後，接受一家報紙訪問，說他將來的夢想是，在太空中建立太空飯店、主題樂園，以及太空軌道的遊艇。

後來，我從他接受幾家不同媒體訪問的回答中，整理出一份他日常跨越許多領域的閱讀書單：豐田汽車的精簡生產線企管書、奈米機器人摧毀地球的科幻小說、石黑一雄的《長日將盡》（這是他最愛的一本小說）、有關火箭工程的書籍。

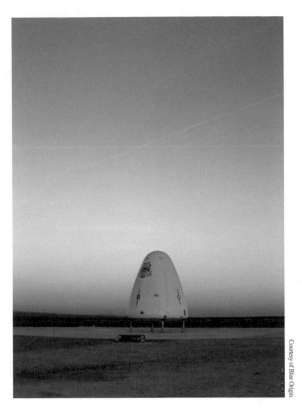

他從高中就有的興趣，如何一路跟著成長，就很清楚了。

閱讀，有各種存在的理由，及意義。其中最動人，作用也最大的，還是閱讀和理想或夢想結合的時候。
閱讀和理想或夢想的結合，可能是像下面的順序。
正因為我們無意中閱讀了一本書，開啟了我們對一個理想或夢想的接觸、認知，發生了激動的擁抱，從此我們對人生有了不同的想像、期待及規畫。
閱讀和理想或夢想的結合，又可能像是倒過來的順序。
正因為我們對人生有了新的夢想或理想，為了往那個目標前行，從此我們對閱讀有了不同的想像、期待及規畫。
人生的現實，與理想及夢想之間，有著巨大鴻溝的界限。
是閱讀，讓我們有機會跨越這個界限。

2006 年 11 月升空的「新謝帕德」計畫第一艘太空船原型機，名之為「戈達」（Goddard），紀念現代航太發展的一位先驅科學家。之後到 2015 年完成實際機型的發動機開發。預訂於 2017 年秋進行無人首航，2018 年進行載人首航。

Courtesy of Blue Origin

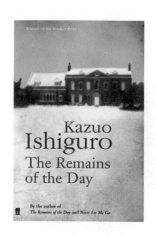

石黑一雄的《長日將盡》，
是貝佐斯最喜愛的一本小
說。

是因為我們想跨越這個界限，使得閱讀有了不同的作用。
閱讀之所以華麗，正在於如此。那個十八歲邁阿密的孩子
一路走來，只是一個例子。

我們置身人類有史以來，前所未有的豐饒的閱讀時代。
以書籍來說，中文每年就有超過三十五萬種的新書（含簡
繁體字，這是 2017 年統計的數字），無所不有。何況還
有無數方便可得的外文書籍。
以網頁來說，全世界又以難以計測的速度在分分秒秒地誕
生著新網頁。還別提那許多轉發的 email、訊息。

面對全球化的商業環境，有人說，世界是平的。
但是在閱讀的世界裡，可不是。世界正在無聲無息，以前
所未有的幅度，拉開閱讀高低不平的差距。

因為需要閱讀，可以閱讀的東西無窮無盡，無所不在，而
一個人每天二十四小時則是唯一不變的常數，所以每個閱
讀的人都可能在自覺與不自覺中，侷促於一些界限之內。
界限，可能是考試教育鎖定教科書與參考書所形成的。
可能是中、大學長達十年時間閱讀胃口的影響所形成的。
可能是出了社會後的現實壓迫所形成的。
可能是對於「網路」與「書籍」一些既定印象及使用習慣
所形成的。
可能是從沒有意識過這些界限的存在所形成的。
可能是從沒有想像過閱讀可以幫助我們跨越哪些現實與理
想或夢想的鴻溝，而形成的。

《2001：太空漫遊》的作者亞瑟‧克拉克，在書中如此描
繪太初時代的原始人：
（他們）硬是和同伴嚼著各種漿果、水果和樹葉，頂過飢
餓的痛苦──就在他們為了同一批食料而爭搶不已時，環

繞四周的食源之豐富，卻遠超出他們的想頭。然而，千千萬萬頓多肉多汁，徜徉在大平原和灌木林裡的動物，不只超出他們能力所及，也超出他們想像所及。他們身處豐饒之中，卻逐漸飢餓至死。

我們已經很熟悉 Winner Takes All「贏家通吃」的說法。其實，只要把「Winner」替換爲「Reader」，另一句話就是今天的寫實── Reader Takes All. Or, Nothing.
是的，Reader Takes All. Or, Nothing.
在網路與書籍交互激盪出綿延無垠的密林之時，只有懂得超越界限的讀者，才能盡享廣闊天地裡的一切豐饒，否則，侷限於既有觀念與習慣，只能茫然失措，和那個「身處豐饒之中，卻逐漸飢餓至死」的原始人沒有什麼不同。

這本書拿貝佐斯的故事來開頭，有好處，也有壞處。
好處是，由於貝佐斯個人的經歷，比較適切地點出我想要說一個「越讀者」，也就是習於越界閱讀者的特點。
壞處是，可能會讓人誤會，這又是在強調如何學習成功人士的閱讀之道的書。
沒有。這本書要說的並不是這些。
我要寫這本書，是因爲我對閱讀一直充滿了太多困惑。

這本書裡說到的「你」，主要是一個作者和他一路摸索的讀者身分在對話。

找從小生長在韓國。在華僑社會裡，中文閱讀的選擇很貧瘠，那時最大的困惑就是怎樣才能在周邊的環境裡搜尋到可讀的東西，怎樣才能跨越那個環境的侷限。
高中畢業，跨越重洋來台灣讀大學後，飢渴地抓到什麼都讀，亂讀了一通。美其名曰興趣廣泛，但不免時常看著滿書架的書，覺得空洞無比。
畢業後，陰錯陽差進了出版業，又因緣際會地在不同類型

的出版公司與雜誌社之間做過各種性質不同、職階不同的
工作，不論就身爲讀者的需要，還是出版者的工作需要，
對閱讀到底是怎麼回事，又充滿了越來越升高的困惑。
1990年代，網路出現了。網路與書籍的界限，以及相互越
界的混沌，把我的困惑攪動得更混亂了。

幸運的是，我在四十四歲那年，有個機會把我多年來在這
些困惑中的思索，做了印證，也有了點歸納。接下來的七
年，我跟著自己的歸納，一路做些實驗，也一路展開更多
的摸索。所以現在寫在這裡的內容，只是一個不斷進行一
些越界嘗試後的讀者，希望給同樣困惑的別人，一些或許
可供參考的心得；只是一個自己受益於閱讀，不斷嘗試跨
越人生一些現實界限的人，一些或許可供參考的心得。

「藍色原點」計畫有一句拉丁文標語：「Gradatim Ferociter」，意思
是「一步一步前進，擺脫一切牽絆」。

這是個越界的時代。人類和動物的器官在越界，太空探索
和旅行在越界，所有夢想在越界。而越界的起因，正在於
知識與閱讀的越界。
閱讀不再是皓首窮經，閱讀不再是閒情逸致。
閱讀不再是有目的，閱讀不再是無目的。
閱讀不再是功利，閱讀不再是品味。
閱讀不再是文字，閱讀不再是圖像。
閱讀不再有網路與書籍之分，閱讀不再有博士與高中生
之分。

這是一個沒有越界閱讀，就不成閱讀的時代。
不論錯過了多少機會，不論多麼晚開始，閱讀都在等著給
我們一個美好的機會。何況在這網路時代。
這是一個歷史上從未有過的越讀者時代。

Part 1
跨越學校的記憶

被考試浸得腐朽的木頭

不只是一代學生的處境。

世界上有些事情很矛盾。

譬如說，學校教育，應該對我們閱讀能力的成長很有助益；
但事實上，今天我們要面對閱讀這件事情，無論如何都得先
知道學校，尤其是中學階段的學校，對我們造成哪些嚴重後
遺症的影響，以及我們應該如何跨越。

我收過一位高中生的來信。她在信裡對一些現象的總結很
簡短，三言兩語卻道盡了大家共同面對的問題：

在升學主義的巨浪中載浮載沉的難民，抱著的只有讀書
這塊浮木。但若能踏上陸地，誰也不願再帶著這累贅。
雖然大家都明白在下次大浪來時一樣得緊攀它，但沒
有人會想在呼吸自由空氣的時候，觸碰那被考試浸得
腐朽的木頭。（楊賀鈞／文華高中）

她所解釋的，不只是十年前他們那一代學生的處境。

前台北市長郝龍斌曾經在接受訪問中講他一段經歷：「我
印象深刻，台大畢業那天，坐在旁邊那位女生對我說，『
今天畢業，我這輩子再也不需要讀書了。』」郝龍斌說，
那句話對他是個 shock（震驚）。

我也有過一個類似的經驗。

我是在韓國生長，再來台灣讀大學。

中學期間，有一位女同學，個子高高的，身材瘦瘦的，臉色潔白如玉，也因此，偶爾有些羞紅，也就特別明顯。

在班上，她像一個無聲的人，總是在安靜地讀書，最多，和一兩位女同學淺淺地笑談，從不曾記得她和任何男同學說過話。她是用功讀書的代表，高三的時候，輾轉聽到她家人憐愛又自傲地說她幾乎一整年都沒上床睡過覺。而她的考試成績，總是最好的，包括大學入試的那一場。

來台灣，她也是讀台大。大學四年，她仍然沒有和我們這些韓國來的同學有什麼接觸。偶爾在台大校園看到她，也總是微微地點一下頭，看得出她不是忙著去上課，就是去圖書館之類的。她不像我們這些同學的鬆散，仍然在全力以赴。

大學畢業之後，聽說她又去美國留學了。因為她從來都像一個無聲的影子，所以要到好多年之後，和其他朋友聊起來，才突然想起問問她的近況，是否已經成了一位學者。

被我問到的朋友瞪大了眼睛：「你不知道？她去了美國之後，就不再讀學位了。」

輪到我瞪大了眼睛：「怎麼可能？那麼一個愛讀書的人！」

這位朋友告訴我，去了美國之後，這位從小就一路最乖的女兒和學生，就聲明她不再讀書了。她從小學到中學到大學，都在滿足母親對她的期望。而她拿到了美國的留學簽證後，認為自己的義務已了，已經對母親有所交代，所以她不再想當別人眼中那個只會用功讀書的好學生，她要當自己了。以前的她，根本不是她想當的她。

朋友說：「你現在看到她，非常活潑，跟以前是完全不同的人。」

幾年後，我在美國見到她。的確。她沒變的是那高高瘦瘦的身材，潔白的臉龐，然而變了的是，那爽朗的笑聲，那有力的握手，那直接和你對望的眼神。

我從沒機會聽她說自己到底發生了什麼變化，有什麼樣的心路歷程。但在收到那位高中生的信之後，我相信那就是答案。

郝龍斌講的例子，和我同學的故事，那兩個人都是勉強自己把書讀到大學畢業，才和讀書「告別」。更多人是在中學六年被各種考試壓得難以呼吸之後，等終於進入由分數決定而和自己志趣無關的大學，就一路享受「由你玩四年」。
換句話說，一旦進了大學可以呼吸自由空氣的時候，就沒有人想再觸碰閱讀這個已經「被考試浸得腐朽的木頭」。

由這一點，格外可以看出今天我們的考試教育，和中國一千五百多年的科舉制度，根本上有多麼相似。

清朝雍正年間官至兩湖總督的陳宏謀說：「每見讀書之人，與未讀書者無以異……竟似人不為科第，則無取乎讀書；讀書已得科第，則此書可以無用矣。」他所說的，和今天的這些現象有什麼不同？

因此，在網路時代要重新思索閱讀的本質、方式與可能，首要之務，就是跨越學校因為考試教育而給閱讀設下的重重障礙，造成的種種後遺症。

學校是怎麼回事

西方的學校 School 這個字,源自於希臘文,原意是「休閒」、「閒暇時間」。但是今天我們熟悉的學校,則是另一個起源。

中世紀時,歐洲的書籍與閱讀,都掌控在修道院及僧侶之手。歐洲最早的大學是給僧侶及神職人員進修。

十五世紀的宗教革命加上古騰堡的活版印刷出現之後,《聖經》廣譯為各種語文版本。為了方便各地人民使用自己語言來了解《聖經》,所以歐洲開始普設「文法學校」(grammar school),相當於教導識字的小學。

接著,為了銜接「文法學校」和大學之間的差距,才有了中間加兩級中學,中小學裡再有逐年分級的辦法。

這些學校(school)制度的設計,到了大約是十八世紀末工業革命,又出現了一大變化。

工業革命發生於英國之後,歐洲各國感受到壓力,紛紛培育自己的新技術人才,因而在德國、法國等地誕生了許多技術學院。大學開始出現十分細密的知識分科。中學及小學,因而也有了更精密的配套設計。

總之,中學校的成立,是很近代的事。並且,在當時算是不登大雅之堂,主要是為改善社會低下階層接受教育的處所與機會。上層社會,仍然是因人施教的個人教授之後,直接進入大學。社會上為了鼓勵「中學」這個體制出來的學生,想到可以給他們一紙證明自己所學並不差,才有「文憑」這個東西的出現。

這一來,學校的概念才從小學、初級中學、高級中學、大學一脈相承地確立為一套社會上公認的體制,其重要性也奠定下來,並且日益顯著。結果發展到今天,「文憑」躍身一變,已經不再是「求人」的憑證,而是「傲人」的憑證了。

所以,真正說起來,在現代學校體制中,初級中學和高級中學所構成的「中學」,才是最重要的發明。歐洲近代用起 school 這個字的時候,就早已和它的原意 leisure 相去甚遠,至於到了今天的台灣,則更是毫不相干了。

中學的「我考故我在」

一個國三學生自殺的背後。

所有的父母與師長都知道，進入中學的孩子，也進入了身體發育的階段。一年前的胖冬瓜，一年後就可能挺拔俊秀。一年前的醜小鴨，一年後就可能出落得亭亭玉立。孩子的成長，充滿了各種令人驚喜的可能。因此，我們萬般呵護地注意他們的飲食是否均衡，吸取的營養是否足夠。並以他們近乎突變的成長與茁壯而自豪。

我們如此看待孩子身體的發育，但是對待他們心智的發育，則往往不然。

我們很容易忘記，中學生的心智，也進入了一個發育的關鍵期，而閱讀，又是心智發育的關鍵因素。這時的他們，已經脫離幼年必須父母陪伴讀書的階段，也被小學階段提供的基本字彙充實好自行閱讀的能力。如同身體的成長已經讓他們渴望可以獨立行使，心智也是如此。

所謂少年人「血氣方剛」，所謂少年人之所以會有「叛逆期」，不就是因為他們在吶喊，他們也有自己對人生、對環境、對世界的意識與思想，需要給他們一個自我探索的空間？

父母說，讀教科書雖痛苦，但至少它是个經驗模式⋯現在你又說不要這樣讀書，我們也不知道你對不對，究竟該聽誰的？

簡單地說，聽你自己的，為你自己做決定⋯⋯

YA！太好了！去玩吧！！

中學階段的教育，趁著一個少年人對自己心智力量的探索產生好奇的時候，我們本應該提醒他，閱讀對他的心智力量，是多麼便利又有力量的養分來源。

我們本應該提醒他，在閱讀這件事情上，教科書有作用，但，不是唯一的作用。

我們本應該適時地提供他一些刺激，鼓勵他前行——閱讀有哪些花香鳥語之境，陰幽暗黑之地，總要他親身體驗過才是。

然而，我們的中學教育，不讓這些事情發生。學校不教我們如何處理「閱讀」，而只是教我們如何處理「課本」——有助於提升考試成績的課本。

不時，我們會看到因而產生的悲劇。

期待孩子身體發育，卻希望孩子頭腦裏小腳，是很矛盾的。

2004 年有一則新聞報導。

有一家父親在營造業工作，母親在當教師，國三的獨子在學校品學兼優。一天父親看到兒子在屋子裡看小說，把他訓斥一頓。兒子受不了訓斥要出去，父親不准，要他打電話給母親。母親在電話裡說了幾句，兒子在電話這頭回嘴，說父母的要求太高了，爲何不能讓他有自己的讀書方式。父親認爲小孩講話沒禮貌，打了他兩個耳光。兒子隨即進了屋子甩上門。等父親聽到外面碰的一聲，兒子已經跳樓了。

非要把少年人看的書分成該看的與不該看的，讓一本小說鬧出這種事，是個令人唏噓的新聞。但更令人感慨的是，

我們社會對待閱讀的功利態度，怎麼如此根深柢固。

過去長時間的中國歷史裡，因為科舉制度的影響，大家重視的並不是閱讀，而是可以幫你通過科舉考試，光宗耀祖的書籍——「書中自有黃金屋，書中自有千鍾粟，書中自有顏如玉」說的就是這個。

中國文化裡，總是愛把考試用的「經書」和其他的書做一區分。在科舉制度之下，「四書五經」的重要性被擺到了最高的位置。讀這些經書的方法，也就越來越「標準化」：

「凡讀書，須整頓几案，令潔淨端正，將書冊齊整頓放，正身體，對書冊，詳緩看字，仔細分明讀之。須要讀得字字響亮，不可誤一字，不可少一字，不可多一字，不可倒一字，不可牽強暗記，只是要多誦遍數，自然上口，久遠不忘。」

這是宋朝的大儒朱熹所寫的讀書之道。
「經書」被供上廟堂，同樣在宋朝當過宰相的王安石研讀醫藥之書，都要稱之為「小說」，就更別提其他的書籍了。因而，我們的父母不懂得如何處理子女讀的「小說」問題，其來有自。

二十世紀之後的台灣，科舉沒有了，可是相信透過各種考試成績才能出人頭地的觀念，還是根深柢固；相信閱讀就是要有助於提升考試成績的觀念，還是十分普遍。

如果一個少年人在他心智最重要的六年關鍵成長時期，只懂得用「懸梁刺股」的方法，來讀他需要標準答案的考試用書，又有什麼不好呢？有人會問。多少人還不是這樣讀

了大學，出了社會，在社會上有著優秀的表現？

這可以有兩種回答的方式。

一種是反問：那如果他是在一個養分更豐富的閱讀環境裡成長起來的話，豈不是會比現在更加優秀？

另一種是提醒。提醒如果把閱讀侷限在這麼功利又狹窄的範圍裡，會產生以下的後遺症：

第一、沒法認清教科書與參考書的本質，誇大也扭曲了它們的作用。

第二、因此，破壞了我們其他閱讀的時間與胃口。

第三、也因此，破壞了我們對人生的想像。從人生的起步階段，就成了「我考故我在」。

八十年前一位教育學者的觀察

到（小學）五、六年級之前……我們發現閱讀的學習曲線是穩定而普遍進步的，但是過了這一點之後，曲線就跌入死寂的水平。這不是說一個人到了六年級就達到個人學習能力的自然極限……也不表示大多數六年級學生在閱讀各種實用書籍的時候，都已經有足夠的理解能力。許許多多學生進入中學之後成績很差，就是因為讀不懂書中的意義……

中學畢業的時候，學生都讀過不少書了。但如果他要繼續念大學，那就還得要念更多的書，不過這個時候他卻很可能像一個可憐而根本不懂得閱讀的人……他可以讀一點簡單的小說，享受一下。但是如果要他閱讀結構嚴謹的細緻作品，或是精簡扼要的論文，或是需要運用嚴密思考的章節，他就沒有辦法了。舉例來說，有人證明過，要一般中學生掌握一段文字的中心思想是什麼，或是論述文的重點及次要重點在哪裡，簡直就是難上加難。不論就哪一方面來說，就算進了大學，他的閱讀能力也都只會停留在小學六年級的程度。

上面這段文字是八十年前，1939 年美國一位教育學者莫塞爾（James Mursell）所寫。今天在台灣看這段描述，仍然有很大的參考價值。

「由你玩四年」的大學

不該鬆散時候的鬆散。

過去一試定終身的聯考時期，學生熬過了中學六年，終於得以考進一所大學時，終於可以擺脫跟教科書與參考書的糾纏，有鬆一口氣的機會。因而大學 university 又有「由你玩四年」之稱。

這樣，在台灣，進了大學之後，許多人倒是有了機會可以讀一讀自己在中學時間沒能得以接近的書籍。大學固然也有教科書，但是廣泛地閱讀一些自己感興趣的書，就算不是天經地義，倒也是名正言順。

我曾經這樣以為。

大學可以輕鬆地大讀小說，這件事情有前因，也會有後果。

2001 年，Net and Books 的主題書《閱讀的風貌》針對台北市、台中市、高雄市三個地區二十歲以上的民眾做過一次閱讀調查。這次調查有美國加州州立大學 Fresno 分校心理學教授勒范恩（Robert Levine，《時間地圖》一書作者）參與。

那次調查有一個題目是閱讀的動機。調查發現，在閱讀動機中，「訓練獨立思考能力」的因素，普遍不受重視。而（大）學生階層因為「無聊／打發時間」的因素而閱讀的

比例，甚至比其他職業階層更多。

看了調查分析，勒范恩寫封 email 很好奇地問我一個問題：為什麼你們的大學生的閱讀動機裡，有那麼高的「個人興趣」？還可以為「無聊／打發時間」而閱讀？

我也很好奇地反問他：「這有什麼不對嗎？」
他回答：「在美國，大學生連讀教授指定的讀物都讀不完了，沒有什麼時間讀自己個人感興趣的讀物，更何況是為了無聊／打發時間。」

因為這件事情，我思考了兩條不同閱讀成長路線的比較。

我們用行走的能力做個比喻。

我們是先會自己跌跌撞撞地走，在父母的牽引之下走，然後逐漸可以自己走，再來追趕跑跳，再來可以自己旅行、自由探索這個世界。

閱讀的能力也一樣。開始的階段需要父母陪伴，看圖、看繪木，然後隨著自己識字能力的加強，讀更多文字的書。

開始的階段是父母挑選書籍給我們讀，然後我們逐漸有自己的想法，選擇自己想讀的書。

在這個過程中，中學階段之所以重要，有兩個原因。一個是我們此時建立了一定程度的基本閱讀能力；另一個是如同我們身體開始發育，我們的心智也開始渴望自主探索這個世界。

我們既有了基本的閱讀能力，又有了探索這個世界的意

願，中學階段本來應該是最適合自己進行隨意而廣泛的閱讀，讓自己對人生和世界的好奇，和各種書籍邂逅、碰撞，然後產生神奇的變化。

當我們在中學階段透過閱讀對人生和世界有過大幅度的探索之後，會對自己的未來有個夢想或目標。然後，由此來判斷自己是否需要經由讀大學的途徑，或者經由攻讀哪種科系的途徑，來連接那個更遠的人生目標。

也因此，既然知道自己選擇的大學和科系是連接未來那個目標的途徑，就會努力鑽研自己選擇的主修科系的課業。進了大學，正是用功的開始。

這個理想的路程，畫一個圖，像是圖 1。

圖 1

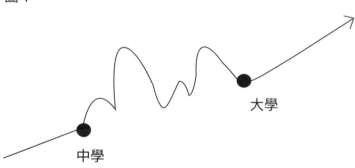

大學

中學

但很遺憾地，在台灣的現實並非如此。

在考試教育巨大的壓力之下，我們中學階段卻偏偏是要把即使不是全部，也是絕大部份精力都用在教科書和參考書上，沒有時間進行隨意而廣泛的閱讀，也沒有機會透過閱讀對人生和世界有大幅度的探索。我們對未來的夢想和目

標，都只是如何以比較好的考試成績，被分發到所謂比較好的大學和科系。

也因此，既然自己進入的大學和科系往往是考試分數決定的結果，和自己真正的志趣無關，所以進了大學，反而是終於獲得解放，可以「由你玩四年」的開始，或者，鬆懈閱讀的開始。

在台灣這個現實的路程，畫一個圖，像是圖2。中學階段的閱讀是一條相當單調的直線。到了大學，本來應該是集中方向攻讀自己主修科系功課的時候，反而欠缺了主動積極求學的意願，開始鬆懈地閱讀，享受遲來的解放。

圖2

2007年1月底，圖書館界舉辦一場有關閱讀的研討會，其中有關大學生的閱讀習慣部份，可以看到「以休閒及通俗讀物為主；極少閱讀經典名著；極少閱讀專業性、學術性的書籍」（詹麗萍）的現象歸納，並不是沒有理由的。

台灣大學生，在閱讀這件事情上還面臨另一個更隱形，但

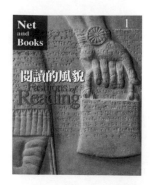

在 2001 年 定 出 Reader Takes All 方向的第一本主題書。（Net and Books 出版）

事實上更嚴重的問題。

整個二十世紀，是科技爆發的世紀。科技爆發之下，大量的學科在新生，在分化，在細化。因而全世界的大學教育，都在為學問的細化與窄化而苦惱。這也是美國大學教育的前面一、兩年要加強補充一些通識教育的原因。

台灣大學生面臨的學問的細化與窄化的問題更嚴重。

他在延續著近百年來中學、西學之分，理科與文科之分的教育體制與環境下，即使進了大學，得其所哉地成為一個深愛閱讀的人，也很可能成為一個中學、西學之分，理科與文科之分的犧牲者——文理學院之間的閱讀根本不同不說，即使是同樣的文學院之間，中文系與外文系的閱讀也可能無所溝通。

也正因為閱讀的細化與窄化是如此地嚴重，所以更麻煩的是，一個人的閱讀很可能眼界有限。如果說知識是一座密林，那麼我們很容易因為被幽禁於囚屋之中太久，才不過走出囚屋，活動了一下身體，就把山谷裡的光景感嘆為廣闊天地。

美國大學的情況

美國大學的基本假設是要大學生先有基本、全面的通識教育，再進到專業的學習。所以以哈佛大學為例，大學的一年級，先不分專門科系，學生都是先進行通識教育。二年級開始有專業的必修基礎課，同時繼續通識教育。大三、大四，才開始攻讀自己準備專攻的項目，但不限制學生修課，所以學生可以選與自己的專業無關的、別的專業課程。

進了社會再閱讀的好處與壞處

一個大學畢了業的人，仍然要花很長時間的摸索，
才可能對閱讀是怎麼回事有所體認。

2007 年，美國《出版者週刊》（*Publishers Weekly*）的總
編輯莎拉‧尼爾遜（Sara Nelson）和她同事來看台北國
際書展。
我也帶她們去看二十四小時營業的誠品敦南店。

莎拉看了一圈書店後，說：「這裡的年輕讀者真多，在
美國，書店裡看不到這麼多年輕的讀者。」

她不知道：其中一個原因正是我們社會的閱讀成長曲線
出現了問題，所以很多年輕人要到大學快畢業，甚至出
了社會，才真正開始自己的閱讀之旅。

台灣的學生，閱讀在中學六年這應該是自由自在的階段
被窄化，到了大學四年應該上緊發條而集中火力的時候
又找不到焦點，這些扭曲之下，等到大學畢業，許多人
固然從此就和讀書告別，但也有些人這才真正意識到自
主探索閱讀。

於是，「讀書是改進生活、豐富生活的手段，該讀
些什麼書要依了生活來決定選擇。」（夏丏尊語）這
樣一件屬於閱讀基本理由也是常識的事情，在我們大學
畢業之前，經常沒什麼派得上用場的機會。往往，要等
到我們出了社會，開始有了自己的工作，得以思考自己
的人生之後，才有其作用。

許多人這才開始根據自己的工作與職業，學習摸索自己的趣味或修養，體會到自己閱讀的不足，企圖從頭建立自己的閱讀習慣與方法。

這，有有利的面向，也有不利的面向。

出了社會，體認到自己對閱讀的需要，開始渴望閱讀，有不少好處。譬如：我們有可以供給購書的收入了。更重要的是，我們真的是因自己的需要而開始讀書了。

出了社會後的自由閱讀，「好處在使讀書成為樂事，對於一時興到的著作可以深入，久而久之，可以養成一種不平凡的思路與胸襟」，但也有問題。

但是社會化的閱讀也有兩個缺點：

一、我們的閱讀習慣已經從中學的六年加大學的四年，錯亂了長達十年之久。現在要調整，可能四顧茫茫。

二、不像學生時代，閱讀就是我們的工作，現在我們有上班的工作。而工作之外可供閱讀的時間，可能是相當受侷限的。

於是，很可能，我們更想努力閱讀。但是越想閱讀，越是感覺到各種需要眷顧、光臨的閱讀內容排山倒海而來，越可能手足無措。

所謂自由自在的閱讀之有利與不利，我覺得朱光潛做過一些分析很深刻。

他先講了這種閱讀有利的面向：

「一年之中可以時而習天文，時而研究蜜蜂，時而讀莎士比亞。在旁人認為重要而自己不感興趣的書都一概置之不理……它的好處在使讀書成為樂事，對於一時興到的著作可以深入，久而久之，可以養成一種不平凡的思路與胸襟。」

接著，他又指出了問題：

「它的壞處在使讀者氾濫而無所歸宿，缺乏專門研究所必需的『經院式』的系統訓練，產生畸形的發展，對於某一方面知識過於重視，對於另一方面知識可以很蒙昧。」（摘自〈談讀書〉）

這麼看，一個大學畢了業的人，仍然要花很長時間的摸索，才可能對閱讀是怎麼回事有所體認，是我們不得不接受的現實。

畢竟，我們不只浪費了自己一生求學階段最精華的十年時間，並且這段時間養成的一些習慣還會持續產生影響。

再多花些時間倒也罷了，能終於有機會調整過來，已經是萬幸。

潘朵拉盒子裡的最後一個禮物

我們可以畫個門，開了門就回到家了。

看了前面談的這些問題，尤其這些問題對我們後續路程的
影響與耽擱，很少人能輕鬆得起來。

但是，噓，說一個祕密，我們一定可以輕鬆得起來。

有一次我看一齣卡通。

卡通的主角，一定要在一段時間裡完成一個任務回到家。

但是他遭遇的危險越來越多，越走越遠，最後時間只剩三
秒鐘的時候，他人在千里之外。任務，是絕對達不到了。

他泫然欲泣。旁邊一個人卻告訴他：「你回得了啊。不要
哭啊。」

他說：「這怎麼回得去。」

那人說：「可是，我們在卡通世界裡啊。」他隨手畫了
一扇門，打開，「我們可以畫個門，開了門就回到家了
啊。」

他們畫了門，開了門就到家了。

不論自覺錯過了多少機會，我們都可以隨時畫一道門戶，去到我們
想去的地方。閱讀就是這樣。

對於人生，閱讀就像是那扇門的作用。

不論是書，還是網站，有時候你一打開，就從眾裡尋他
千百度，一下子成了驀然回首那人卻在燈火闌珊處。

更有意思的是，你打開得早，有打開得早所能見到的美妙。打開得晚，也有打開得晚的風光。

打開得早，如果能從學生時代就打開，不但可以少走許多冤枉路，並且能及早因為閱讀而給你的人生迸發出火花，因著這一點火花再給你的人生就此帶來不同的光亮，與異采。

然而，如果很晚才打開，也有很晚打開的好處與享受。

林語堂說：「讀書的所得，靠讀者的識見與閱歷，同靠作者的識見與閱歷一樣的重要。」

這又在告訴我們，如果在黑暗中摸索甚久才打開了這扇門，我們將會多麼珍惜，也體會得到這扇門對自己的意義與價值。

我也同意這個說法。因為我有一個親身經歷。

1998 年年底，我和一位譯者，在來來飯店的咖啡廳討論一份書稿。熬過了漫長的一個下午，我們的話題有機會轉到一個輕鬆的方向，聊起一部叫作《益智遊戲》（Quiz Show）的電影。

1956 年，美國哥倫比亞大學一位英姿煥發的年輕教授，查理・范多倫（Charles Van Doren），參加一個叫作《21點》（Twenty One）的對決型益智獎金節目，連續拿下十四週冠軍，創下五千萬人收視的紀錄，轟動全美。他不但累積了驚人的獎金，上了《時代》雜誌封面，還在固定節目裡談十七世紀的詩、談幾何學，成為風靡大眾的媒體明星。

查理·范多倫在《21
點》節目參賽的神情。
他的知性與幽默，風靡
了大眾。

然而兩年後，有人開始檢舉《21點》作弊，節目內容事先有套招。主辦單位和范多倫先是都否認，但隨著司法單位的調查節節升級，最後連國會都召開了聽證會，范多倫終於承認他「介入此事甚深」，無數支持他的觀眾為之譁然。

美國從此因為這個醜聞而形成一個規定：電視節目不得再由單獨一家廣告主贊助，以免獨家廣告主為了收視率而操控節目。今天我們熟悉的，電視廣告劃分為多少秒單位的模式，才由此出現。這個醜聞在二十世紀的美國電視發展大事記裡，佔有很重要的地位。

那天我在聊天中得知，范多倫被哥倫比亞大學解聘後，如何又蒙美國學界和出版界的傳奇人物艾德勒（Mortimer J. Adler）收留，以及他們兩人後來一起合作《如何閱讀一本書》（*How to Read a Book*）的故事。

《如何閱讀一本書》的第一版，原來是艾德勒自己的作品。他除了任教，寫這本書之外，還以主編過《西方世界的經典》（*Great Books of the Western World*），以及擔任 1974 年第十五版《大英百科全書》的總編輯而聞名於世。

查理·范多倫和艾德勒一起工作後，一方面襄助艾德勒的工作，一方面把《如何閱讀一本書》原來內容大幅修編增

48

寫，因此，今天我們讀到的《如何閱讀一本書》，作者是由艾德勒和查理·范多倫共同領銜的。

我因爲對范多倫故事的好奇，而去買了《如何閱讀一本書》。幾個日夜一口氣讀完那本書之後，最後不只滿足了我對這兩個人物的好奇心，更解決了我對閱讀這件事情思考許久的疑團，讓我對閱讀這件事情有了前所未有的突破性體會。

也因此，我有了許多強烈的感觸。

其中之一，是羞愧之心。我是個做出版工作的人，成日與書爲伍，結果到那個春節前的兩個月才知道這本書，到自己四十四歲這一年才讀這本書，幾乎可說無地自容。並且，我也不免惋惜：「如果在我初高中青少年時期，就能讀到這本有關如何讀書的書，那我會節省多少閱讀的冤枉路？」

但，我還有一個感觸則是：何其有幸。

在出版業工作了二十多年之後才讀到這一本書，與其說是不幸，不如說是有幸。

這麼多年來，我在閱讀的路上，思索固然很多，困惑也多，清楚的有一些，迷糊的更多。

譬如，困惑與迷糊我的事情裡，有一點是，我到底該怎麼形容閱讀是怎麼回事，才能把許多前人個別聽來都有道理，但是對照起來卻相當矛盾的說法兜得起來呢？

《如何閱讀一本書》，讓我在學習、印證許多閱讀方法的同時，突然想出應該用對待四種飲食的比喻，來說明閱讀

How to Read a Book, Mortimer J. Adler & Charles Van Doren（A Touchstone Book）由喜愛一本書而後來成為其譯者之一，是很愉快的事。

這本書，應該先讀最後一篇。作者對一個普通讀者所有的鼓勵都寫在這裡了。（譯者：劉炳善等／遠流出版）

方法的重點。更進一步，我感受到這本書的不足之處，那就是，我固然了解了如何閱讀一本書，但是在那之前至少同樣重要的另一件事情——如何尋找一本書呢？於是，我又開始了接下來七年多時間的另一段摸索。

這麼說起來，多年的思索後讀到關鍵的一本書，不但幫我就閱讀這件事情的心得和困惑，做了許多印證和總結，也讓我對閱讀環境的現實與理想，充滿了新的好奇。

如果沒有經歷這麼多年的尋覓與顛簸、發現與失落，我讀那本書的感受不會這麼深刻，收穫也不會這麼豐富。

一位博士的回顧

曾任中央研究院副院長的朱敬一，在他《給青年知識追求者的信》一書的作者序中，也講了他的一段心路歷程。

他先說了自己大專聯考時，只是對照前一年的聯考錄取分數，胡亂填寫了志願卡，進了台大的商學系。「不僅念大學科系是懵懵懂懂的，連我出國念博士、回國做學術研究，都是偶然的因緣。」

朱敬一在二十九歲那年就讀取了美國密西根大學的博士，「但坦白說，一直到三十幾歲，我才真正理解經濟學與其他學門之間的關係。我三十歲起在台大與中研院教書、做研究。然而究竟什麼是研究？知識探索究竟要經歷些什麼過程？研究者究竟在追求什麼？這些問題也是幾經折騰，才理出個頭緒。」

因此，他說：「如果我自己要花這麼長的時間才能領悟箇中道理，別人是不是也可能有類似的迷惘呢？年輕人如果因為迷惘而有扭曲的認知，或是做出錯誤的決定，不是很可惜嗎？」

又過了幾年後，我讀到另外一個人也談了走冤枉路的收穫，爲什麼有一番特別的意義：

「他們能把在我們心靈深處翻騰的模糊想法加以照亮並固定成形。但是，只有在我們帶著在自己的閱讀過程中實實在在碰到的問題和意見去向他們討教，他們才能對我們有所幫助。如果我們只是聚集在他們權威的陰影之下，像溫順的羊群一樣躺在樹蔭下，他們對我們是無能爲力的。而只有當他們的評判與我們的相互衝突並戰勝了這種衝突時，我們才能真正理解他們的評判。」維琴妮亞・吳爾芙（Virginia Woolf）在《普通讀者》中如此說。

每一本書都可能是一道門戶，改變我們對世界觀望的方向，但是有了「門戶」，還要有因此起而行的行動。

所以，閱讀永遠爲我們開著一扇窗戶，一扇門。

不論讀這本書的你，是一個正在中學階段，被填鴨填得兒的學生。
還是一個進了大學不安於所去所從的大學生。
還是一個出了社會，被後有知識的浪潮所追趕，前有自己工作生涯要開展的雙重壓迫所苦的社會人。
還是一個像我這樣，苦苦爲閱讀是怎麼回事而思索，到四十多歲才算開竅的人。

我們的身分不同。但是面對的問題相同。機會也相同。

只要相信，我們隨時伸手，都可以畫出那道門戶。
畫出那道門戶，我們就可以超越束縛——不管那束縛來自學校，父母，還是我們自己的習慣、惰性，或困惑。

只怕不開始。永遠不要怕晚。

除了愛情，沒有事情像閱讀這樣讓我們覺得，遲來的開始
也可以如此美好。

Part 2
跨越四種閱讀飲食

把閱讀當飲食來談的理由

飲食習慣可以提醒我們一些事情，注意偏食的問題。

把閱讀當飲食來談，有三個理由：一、人言言殊的閱讀，用飲食的分類來整理，比較說得清楚；二、有助於我們檢查一些最基本的閱讀觀念和習慣──譬如偏食的問題；三、回頭檢視中學階段發生的事情，比較容易體會到底出了什麼問題。

先從頭回想一下飲食這件事。

飲食，一個人總要經歷三個時期。

第一個時期，自己沒什麼飲食的能力。所以，從喝母乳（或奶粉）到別人餵食，到自己終於學會用湯匙筷子，都是在這個時候。

第二個時期，是身體發育開始，需要豐富而均衡的飲食，並且要開始學習自行覓食。

第三個時期，吃多了，喝多了，開始懂得培養自己個人的飲食品味。

把飲食的情況，用來看閱讀，也可以對照出三個時期。

第一個時期，當我們在幼年，認字與閱讀能力都在很起步的時期，父母給我們講床邊故事（幫我們餵食），為我們採購書籍（教我們使用湯匙筷子），是很有耐心的。進中學以前，大致屬於這個時期。

第二個時期，大約就在中學這六年。如同這個時期我們的身體需要大量而豐富的飲食，因此一個暑假，醜小鴨就變

成白天鵝，胖小弟就成了小帥哥，我們的頭腦也需要自行尋覓大量而豐富的閱讀，以便爲人生開啓各種不同的想像與可能。

然而，現實是，中學生在考試爲主的體制下，一直是接受各種被塞給他的食材（所謂「塡鴨」），卻沒機會學習如何覓食，沒機會學習怎麼咀嚼或享受飲食，更沒機會養成均衡的飲食觀念與習慣。

第三個時期，則在進了大學之後。理想上與理論上，經歷過中學階段範圍廣雜的閱讀之後，這時要認眞選擇一些認眞攻讀的領域。閱讀金字塔的廣博與專精，都要從這個時候眞正開始。

然而現實是，塡鴨塡多了，味覺都被破壞了的人，是很難進得了第三個時期的。

一個人的閱讀飲食是否匱乏，和他的購買能力有關係但不大，主要取決於他的習慣和認知。

對於身體的飲食，沒有人不一日三餐地提醒自己有沒有進食；對於頭腦的飲食，幾個月不讀一本書的人卻所在多有。如果發現自己經年累月地不讀一本書，不給頭腦進食，那　定是處於匱乏狀態。

同樣地，就像我們即使進食，但是如果飲食不均衡，仍然會處於一種匱乏狀態，閱讀也是。閱讀的飲食如果太過偏食，也是一種匱乏的結果。

所以，如果把閱讀當飲食來看，不妨先看看飲食是如何

分類的。

日常飲食，不外四種。
第一種，是主食，像白飯、炒飯、炒麵、水餃、饅頭等等，讓我們吃飽。很多人是不吃主食沒有飽足感的。
第二種，是美食，像魚、蝦、牛排、大閘蟹等等，給我們補充蛋白質的高營養食物。
第三種，是蔬菜水果，幫助我們消化，吸收纖維質。
第四種，是甜食，像飯後的蛋糕、冰淇淋，或日常的糖果、零食等等。

閱讀，這種給頭腦的飲食，也可以分成四種。

第一種閱讀，是為了尋求人生在職業、工作、生活、生理、心理等方面，一些現實問題的直接解決之道。這一類很像是讓我們有飽足感的主食。主食閱讀，又可以稱之為「生存需求的閱讀」。

第二種閱讀的特質，不求針對你人生的現實問題，提出直接的解決之道，然而，卻可能幫助我們從一個看來間接，但是卻非常根本的方向，思考這些問題或現象的本質是什麼。
這種閱讀是在幫助我們體會人類生命深處的共鳴，思想深處的結晶，很像是飲食分類裡的「美食」。美食閱讀，又可以稱之為「思想需求的閱讀」。

第三種閱讀，是為了幫助我們查證閱讀過程中不了解的字義、語義、典故與出處，而進行的閱讀，很像是飲食裡的蔬菜、水果。蔬果閱讀，又可以稱之為「工具需求的閱讀」。

第四種閱讀，和前面三種不同之處，在於沒有一定的目的，

不為了尋求現實問題的直接解決之道，不為了尋找思想的結晶，也不為了參考或查證，閱讀就是為了娛樂、消遣，是一種休閒活動，很像是飲食裡的甜食，或零食，追求的就是口感。甜食閱讀，又可以稱之為「休閒需求的閱讀」。

和實體飲食分類不同的是，閱讀飲食的四種分類，並沒有那麼客觀與截然。

實體飲食裡，澱粉質多的主食、蛋白質高的美食、纖維質多的蔬果、糖分多的甜食，可以有一個客觀的分類標準。但是閱讀的飲食裡，主食、美食、蔬果、甜食的分類，卻大可能因人而異，各有各的分類標準。對你是主食的，對我可能是美食；對我是美食的，對他又可能是甜食。

因此這本書所談的閱讀飲食的分類，只是我根據自己的閱讀需求而做的。你可以另外定義你自己的四種飲食。

只是要記得：不論你如何定義自己的四種飲食分類，不要忽略兩件事：
一、總要有主食、美食、蔬果、甜食的四種分類。
二、飲食的重要，貴在均衡。不論你個人如何區分四類飲食，區分之後，總要維持均衡的吸收。

一些不愉快的閱讀飲食聯想

「生吞活剝」——是我們讀書的方法。

「味同嚼蠟」——是我們讀書的感覺。

「死啃書」、「啃死書」——是我們對付考試題庫的絕招。

「填鴨」、「硬塞」——是學校對我們的絕招。

「大補帖」、「大補丸」——是補習班和參考書對我們的招攬。

「消化不良」——是我們對自己的形容。

享受香噴噴米飯的主食閱讀

在某段時間或某個地區，這種閱讀對某些人特別有意義。

由於對體重的注意，我是一個對澱粉相當敏感的人，所以，日常飲食裡，總是盡量少碰米飯或麵食。

可是，我在米飯面前的矜持，每次一到日本就垮了。

不論住哪家飯店，我總要選日式早餐。不知為什麼，總覺得他們把米飯煮得特別香、白，一粒一粒地飽滿得恰到好處，吃下去就會有一種難以形容的飽足感。

飽足感，真是我們所以要食用主食的理由啊。

前面說過，為了尋求學業、職業、工作、生活、生理、心理，一些「現實問題」的「直接解決」方法而來的閱讀，是主食閱讀。

所以，學生讀教科書；上班族讀企管書、學習電腦書、學習語言書；專業人士進行他自己領域的研究；各種如何理財、如何與家人相處、與同事相處、如何上進、如何面對人生課題的勵志書等等，都屬於這一類。

主食閱讀，對有學業、職業、專業壓力的人，特別需要。就像需要體力勞動的人不能沒有主食填飽肚子，這些人需要完成他們的工作任務，也不能不倚靠主食閱讀。

主食閱讀有飽足感，才能讓他們獲得體力去繼續工作。

主食閱讀，可以帶給我們這種飽足感，不但沒有什麼不好，甚至可以說很好。

但是主食閱讀的陷阱也在這裡。它帶來的飽足感，一不小心，會讓人誤以為這就很營養了，這就是飲食的全部了。每次看到一些企業人士列出他愛讀的書單，主要是些耳熟能詳的經營策略與理論，就有這種感覺。

這種誤會，會產生兩個風險。

第一個風險是，他會忽略主食的本質，意識不到主食的不足。

要談「生存需求的閱讀」，就得知道生存的知識，是隨時間、空間而不停變化的。

所以，主食閱讀有一個很大的特色是，在某段時間或某個地區，這種閱讀對某些人特別有意義。但是對一旦過了那段時間的人，或是同一時間不在那個地區的人來說，這種閱讀就沒有什麼意義了。

主食閱讀，都有需要的時候紅極一時，事過境遷就沒人過問的特點。Y2K 的書，是一個代表性的例子。

二十世紀最後一年，有一個主題的書很熱門。那就是「Y2K」。新的千禧年要來臨，大家為了電腦裡「19XX」年到「20XX」年的諸多時間設定，擔心許多程式與資料庫會失靈，所以各種教你如何消除「Y2K」問題的書籍充斥市面，一直到 1999 年 12 月 31 日當天，和「Y2K」有關的生存需求的閱讀，可以說都仍然有其價值。可是，時間才剛過一天，到了 2000 年 1 月 1 日，所有「Y2K」相關的書都失去了吸引力，一夕黯然無光。多年後的今天，不但那曾經如此熱門的眾多「Y2K」書早就消失不見，連

記得「Y2K」的人可能都沒有多少了。

這是一旦過了一個時間，原來很有價值與意義的閱讀，就變得毫無意義的典型例子。何況這還是個全球性的話題。

其實，絕大部份的主食閱讀，雖然不像「Y2K」的例子那麼極端，但是本質卻毫無不同。

三十年前人人上口的企管理論書籍，今天不會有人再談。

二十年前人人熱愛的某個艱苦奮鬥成功的人物傳記，今天不會再有人感興趣。

十年前人人傳誦的某個以啓發人生爲號召的作家，今天沒有人再想到他。

而這些書和作家，在當時可是紅極一時，人人爭以爲不閱讀就是落伍。

第二個風險是，他會錯過太多其他閱讀美味的可能。

打個比方，日常飲食裡，我們都知道主食很重要，但是今天有沒有人餐餐只吃主食，只吃麵、飯？不然，我們爲什麼總要不時打打牙祭，吃吃海鮮或牛排，進補一些高蛋白質的營養？

同樣的道理，閱讀的時候，也不能把那些教科書、企管書、理財書、電腦書、語言書、如何與家人相處書、如何與同事相處書、如何上進書、如何面對人生書等等，當成閱讀的全部。

這些書的書名不論今天說起來多麼響亮有力，一旦事過境遷之後將無人記得。

這就是主食閱讀，或是生存需求的閱讀的陷阱。

吃澱粉質會飽，但是光吃澱粉質，很快會餓。

只吃主食，一來容易營養不良，二來離發展美食家的品味遙遙無期。

Philip Kotler 談 Marketing

我有一次主食閱讀的經驗，很難忘懷。

那是讀 Philip Kotler 的 *Principles of Marketing*。市面上談 Marketing，談行銷的書，不知凡幾，但是 Kotler 光是對行銷裡一些基本詞彙的定義與解釋，就讓我大開眼界，甚至可說是目瞪口呆。

Marketing 的書，總不免提到 Needs、Wants、Demands 這些詞彙。用中文來說，也總是在一些「需要」、「需求」之類的詞上打轉。經常讓人頭昏眼花。Kotler 卻三言二語就解釋清楚了。他說：

An American needs food but wants a hamburger.

然後又加了一句：

When backed up by buying power, wants become demands.

Principles of Marketing, Philip Kotler & Gary Armstrong (Prentice Hall)

Kotler 的意思是，need 指的是一種人類的基本需求，want 指的是一種經過文化與歷史調整過的需求，demand 則是一種有購買力在支持的需求。

他三言兩語，就把許多行銷學書裡把你頭都轉昏了的「需要」、「需求」等字眼，解釋得玲瓏剔透。

沒吃過好吃的主食，不知道什麼是真正好吃的主食。Kotler 就讓我嚐過一次。

他的 *Principles of Marketing* 明明是大學用書，但是我卻像讀小說一樣地大嚼了好久（不過，他其他更通俗的著作裡，卻看不到把 need、want、demand 講這麼清楚）。

品嚐一條鮮魚的美食閱讀

看來它不談現實問題的直接解決之道，卻會從一個間接，
但非常根本的方向，讓你了解這些問題或現象的本質。

你是一個工作了十多年的上班族，你正在為自己熟悉而單調的工作感到苦悶，進而對人生的意義都產生懷疑。現在，你走進了書店，想要找一本書有助於你思考如何出脫困境。

你會想到看什麼書？

種種冠著如何使你的工作、人生更有意義的書名，可能最先吸引你注意。你對你苦惱的問題有飢餓感，希望趕快找到能讓你有飽足感的方法。那是主食閱讀的需求使然。如我前面所說，主食閱讀是為了一些「現實問題」，想要尋求「直接解決」的方法。

如果我說，推薦你讀一本美國哲學家與教育家杜威在 1910年代所寫的《民主與教育》（*Democracy and Education*）吧。你會怎麼說？

很可能，你會說，你不是政治人物，又不是教育家，這和你有什麼關係？或者，你現在需要的是如何趕快解決由單調工作而影響到生活的倦怠感，這本書裡即使有你需要的東西，也太遙遠，難以直接回答你刻下需要解決的問題。

但是，果真如此嗎？

如果你願意看看摘錄在底下的一部份內容呢？

• 自古以來人類的首要職業乃是生活──是智能與道德上的成長……（在太過功利的社會裡）如果預先決定未來的職業，再把受教育完全當作為就業做準備，這會妨礙現在的智能發展，從而使為未來就業做的準備大打折扣。

• 在社會之中做有用的人，就是讓自己從群體生活中得到的，與自己對群體的貢獻平衡。他既是一個人，一個有欲望、情緒、想法的人，他在群體中得到的與貢獻的並不是看得見的財物，而是使自覺的生活更趨寬廣深化──能夠更深刻地、更有紀律地、更開闊地實現生活的意義。

• 應避免誤以為職業的分配是排他的，一個人只能做一種職業……其實每個人必然都有多件不同他想投入的事，也該在他做的每種事上發揮智能……他愈是只有單一面向的生活，就愈不像一個完整的人，也愈像一個怪物。

• 按習慣的一般原則，凡是有特色的職業都容易變得唯我獨尊，太排他，佔用人多時間精力。這也就是說，因為重視技能與專門方法而忽略了意義。教育不應助長這種傾向，倒應該防止它，以免探究科學的人只會做科學家、老師只會教書、神職人員只會神職工作，等等。

• 知道自己適合做什麼，而且得到伸展志趣的機會，

乃是獲得幸福的關鍵。

飲食，當基本的生存需求被滿足之後，就會開始往更精緻、
更可口、更營養的方向追求，這就是美食。

閱讀上，我們也會從主食閱讀往美食閱讀邁進，但是沒那
麼必然，也沒那麼自然。──除非你先了解美食閱讀的意
義，並且還做好一些準備。

如果說主食的閱讀，是為了尋求職業、專業、生活、生理、
心理上，一些「現實問題」的「直接解決」之道，那麼美
食閱讀的特質，就是雖然不求針對人生的現實問題尋找直
接的解決之道，然而，卻會從一個間接，不過非常根本的
方向，思考這些問題或現象的本質是什麼。

前面談的《民主與教育》，就是一個例子。

杜威不是為了一個上班族的苦惱而寫這本書。他思考的是
一個民主社會裡的教育體制，從這個社會的各個層面思考
我們應該如何接受教育，出了社會後可以如何運用我們的
所學。雖然繞了很大的一個圈子，但是卻從非常根本的方
向，幫你思考了現代社會裡工作上的問題或現象的本質是
什麼。

比起主食閱讀，這的確是很間接地在談你的問題。但是，
真的很間接嗎？

這就是「思想需求的閱讀」，很像補充高蛋白質的飲食。
也可以說，這種閱讀是在幫助我們尋找人類生命深處的共
鳴，思想深處的結晶。

由於是高度的結晶，所以它需要一個稀釋消化的過程；
由於是結晶，所以它可以回答不只一個面向的問題；
也由於是結晶，通常都隱藏得比較深，一般只求在地面上

這本書帶領我開始閱讀和教育相關的主題。（譯者：薛絢／Net and Books 出版）

為了生存而覓食的人，想不到要多費那個力氣去深挖的。

就好像高蛋白質的飲食雖然營養好，但是一般體力勞動者
是吃不來的。

許多文學、哲學、科學、歷史、藝術方面的書，都屬於「思
想需求的閱讀」。尤其，我會說，經典永遠是最重要的。

美食閱讀，雖然大家都心嚮往之，但是沒有吃主食那麼方便，也往
往鼓不起勇氣上前。

生存需求的飲食，由於我們尋求的是「現實問題」的「直
接」解決之道，我們比較容易知道自己的
需求在哪裡。但是思想需求的飲食，由於
它追求的是比較深藏的結晶，因而通常比
較耗時，吃力。

所以，美食閱讀的第一個陷阱，在於容易
讓人望而卻步。很多人就長期邁不過鴻
溝，不是視美食為畏途，就是只能聞美食
而流涎。

美食閱讀的第二個陷阱，在於正因為比較
容易讓人望而卻步，所以很多人即使接觸
了，也不知道應該如何料理，如何享受。
主食的重點，是讓人填飽肚子。所以，懂
得細嚼慢嚥不錯，但是狼吞虎嚥也可將
就。然而美食則不。享用美食，往往需要
一些特別的餐具，這和一雙筷子或一根湯
匙就能解決問題的主食，大不相同。
享用大閘蟹，不知道怎麼利用銀勺來品

味，被別人笑話不打緊，不小心更會錯過精彩的部份。不懂得如何享受美食，偶一為之之後，就會頹然退之。

像是魚貨也有塗螢光劑來偽裝鮮美的，許多書打著美食閱讀的招牌，也有這個情況。

美食閱讀的第三個陷阱，正由於大家比較容易望而卻步，比較不知道如何料理、享受，所以也就比較容易受騙、上當。

太多打著歷史、文學、哲學、藝術招牌的作品，其實本身是有問題的。這就好像魚市場裡，有人喜歡以螢光劑來偽裝魚貨的新鮮度是一樣的意思。因此，越是經典，在美食閱讀裡越是重要的道理也在此，因為時間已經幫你把許多混充的書籍淘汰了。

要懂得挑魚，先得多吃魚。要懂得享受美食，就得先多品嚐美食。剛開始的時候，也許有烏龜吃大麥的問題，但只要你持續，一定能逐漸了解美食是怎麼回事。

美食的最後一個陷阱，在於「主食閱讀」和「美食閱讀」之間，有時候會感覺到一些灰色地帶，難以分別。有些作品，看來像是生存需求，又像是思想需求。

的確有時會如此。但時間會告訴我們這個陷阱的答案：隨著時間過去，有些看來像是供應美食閱讀的作品，會流露出它不過是主食閱讀而已。反之，過了很長時間之後還可以存留的，那就是美食類。

美食閱讀進行起來，不像主食閱讀那麼方便快速，但是那種口齒留香的美味，也是主食閱讀所沒法比擬的。

不敢領教的一些古代經典的中文翻譯版

美食閱讀裡，有很大一塊是古代的經典。

古代的經典，不是中文的文言文，就是其他我們陌生的語種，都需要翻譯。

美食閱讀，經常被這些翻譯糟蹋了。這可能有兩個原因：

一、翻譯的人，本身的美食素養就不夠。

二、他認為一般的讀者本來就會對美食望而卻步，美食搬回家也是擺著，所以唬弄一下也沒有人發現。

所以，要採買美食或是享用美食的時候，千萬要小心。不要被他們唬弄。看不懂的時候，除了懷疑自己的能力外，不要忘了懷疑它們的品質。

我曾經買過一套中文翻譯的古希臘哲學家全集。厚厚的十巨冊，擺在書架上挺好看的，但是翻譯品質卻不敢領教。有關記憶的那個部份，誤譯、錯譯的太多，以至於決定就此讓這一套書從書架上消失。

古代的經典，網路上都很容易查到原文。不要忘了做這種對照。

請參閱〈不值得付出那麼多時間的書〉。

閱讀是有助消化的蔬果

磨練對字詞的敏銳認知，就是磨練我們對現象的敏銳認知。

字典的使用，一般來說，是在當我們閱讀其他書籍的字詞碰上不明白之處，才使用來幫助解惑除疑，很像是在發揮消化作用。所以，在閱讀的飲食分類裡，以字典為代表，還包括百科全書、地圖等這些書籍，可以稱之為蔬果閱讀，或是「工具需求的閱讀」。

不吃蔬果，對於消化之不良，攝取纖維質之不足，是我們熟悉的。但是不用工具書，對於我們閱讀理解之不足，誤解之形成，卻是我們很容易不放在心上的。

民國初年的語言學家劉半農，曾經寫過一篇文章〈打雅〉，說在中文裡，「打」這個字可以用在各種不同的地方，是個「混蛋字」。譬如，打人、打電話、打雷、打招呼、打擾、打雜等等，他列了一百多條。

看這篇文章，我們也會發現，下面這些詞彙使用在 1920 年代的時候，和今天有多大的出入：

「打砲」：伶界語，客串也。（想歪了吧。）

「打土匪」：遊私娼也。（近乎腦筋急轉彎的說法。）

「打虎」：婦人嫁人後，又騙物私逃也。（沒想到吧。）

「打撈」：無事遊行鄉里，以冀竊人東西，或誘姦異性也。（這可真不是今天的用法。）

「打歌」：男女在山田中以歌謠唱和也。（劉半農還說：此語「似由台灣流入」。）

會發生這種情況，是因為文字是凝化的語言。語言的用法則會隨時間變化，這個時期的文字的語義也會和上個時期有所改變。這個時期的讀者閱讀上個時期的作者所留下來的文字，也就容易產生誤解。

如果連離現在不過一百年前的文字的用法，我們都可能產生這麼多誤解，那遑論是更久之前的？

我們把「打」這個字在一百年前的一些用法搞錯了倒也罷了，萬一我們誤解了《古蘭經》裡的「打」字呢？

《古蘭經》裡，談到做丈夫的對於不順從的妻子，經告誡、不與之同床等處分後，如果妻子仍然不知悔改，便可以動手「打」她。這段經文，對照著穆罕默德說過「你們當中誰若打老婆，就是最糟糕的人」，又按照伊斯蘭的傳統說法，穆罕默德雖然有十一個妻子，但他從未打過妻子來看，一直很有爭議。

後來，美國有一位伊朗裔的女學者提出一個主張。

她認為，「打」（daraba）這個字雖然有包括打、揍、懲罰、鞭笞等意思，但是她也在一本十九世紀的阿拉伯文字典裡發現，這個字還有「離開」的意思。所以，她認為以從沒有打老婆紀錄的穆罕默德而言，說男人在忍受不了的時候可以「打」他太太，本意其實是可以「離開」他太太。女學者的說法還有待進一步確認，但是字典對一個字不同的解釋，可能產生多麼大關鍵性的影響，則由此可見。

所謂讀書必先識字，正是這個原因。識字，不是只認識這個字在今天的發音及意思，也要知道它的來龍去脈。

中國過去讀書人重視訓詁之學，也是這個原因。

今天我們不可能要求每個人都重視訓詁之學，但是，最起碼，我們應該養成懂得查字典的習慣，知道怎麼使用字典以及其他的工具書。這樣我們才能搞得清楚，曾經和我們生活在不同時代的作者，他在使用某個字或詞的時候，到底是什麼意思；或者，今天的作者使用了我們不明白的字詞時，他到底要應用的是哪一個意思。

不把這些地方搞明白，我們怎麼能閱讀呢？

今天我們使用以字典為代表的工具書的時候，有兩件事情需要注意。

第一件事情是，如何善用網路這個超級工具書。

商務印書館的《辭源》在中國字典歷史上有劃時代的地位，主編陸爾奎也和中外許多編詞典的人有著同樣命運，終致雙目失明。

今天，不只是谷歌這種搜尋引擎的本身就是包羅萬象的工具書，網路上還有各式各樣的字典，有新增詞條、內容修訂都極為快速的維基百科，有提供影音解析資料的YouTube，還有可以為我們提供即時、立體諮詢服務的社群。

在網路上，可以替代工具書的內容無處不在。說工具書是有助消化的蔬果，蔬果的「新鮮度」十分重要。而網路上這些工具書的新鮮度是紙本工具書所無法相比的。

正因為網路上這些工具書的確提供了前所未有的便利之處，任何一個閱讀的人如果不知如何善加利用，根本就是浪費自己置身這個時代最有利的條件、最豐富的資源。

第二件事情是，如何同時使用並擁有一些令人「震撼」的紙本工具書。

相較於網路上的工具書，許多紙本字典、百科全書有兩個問題。

一是多年未經編修，容易有過時，這就像是蔬果放太久了，有「發霉」的問題。
二是編修的人好大喜功，品質上有問題，很像是農藥用太多的蔬果。
有一陣子，中國大陸出現過詞典熱，熱潮中有一些詞條的解釋不可思議。最有名的例子，就是有一位名人主編的詞典，把「不破不立」解釋成「公安機關受理的刑事案件，能偵破的，就立案，不能偵破的，就不立案」。這種詞典，就是灑農藥蔬果的代表。

然而，真正好的字典、百科全書不是這樣的。

當然，這種工具書仍然不可能隨時收錄最新的詞條。但那本來就不是它們存在的目的。它們本來就有為時間把關的自我期許，在時間的長河中，把真正能代表一個時代某些事跡的詞條才收錄進去。因此，就時間的橫切面來說，這些工具書把詞條做了過濾；就時間的縱切面來說，這些工

具書把詞條做了串連。

這樣的工具書，雖然也可能數位化之後再放到（通常收費的）網站上使用，有紙本所不及的便利，但是透過紙本來閱讀、使用，卻有一種獨特的氣場。

在本書的 Part 4，我會提到紙本書的氣場是怎麼回事。這裡我可以先說的是：一部好的字典、百科全書通過紙本書所展現的氣場，是可以讓人「震撼」的。

打開這樣一部工具書，首先，我們會驚訝於為什麼某個在其他地方總是不得其解，或說明模糊不清的詞條，總是能呈現一個恰到好處的解釋。

第二，我們會發現那些詞條排列的順序，整理的註解標誌，每個地方都閃動著亮光，所以或是因為自然的引導，或是因為瀏覽目光無意的觸及，經常另有所獲。

以蔬果來比喻，這樣的工具書打開來的時候，像是看到一片片無際的蔬果林地。我們一方面看到林地裡豐富、多樣的蔬果重重疊疊，廣闊無邊，一方面又看到每一顆蔬果的每一根莖葉都經過仔細的清洗，散發著光芒。

我是在網路上買到這一套第 11 版的《大英百科全書》。這套百科全書出版於 1911 年，是公認的百科全書中的經典之作。時間過去了一百多年，每次打開來還是會感到震撼。

而能達到這些特點的工具書，它們背後的編修者，通常都有著無比的毅力和動人的生命經歷。這些故事的本身，又增添了這些工具書本身的氣場。

我們在進行主食、甜食的閱讀時，也許不需要這麼特別的工具書。但是在進行美食的閱讀時，就用得到。也因爲這些工具書之難得，我才特別強調在使用它們之外，最好還能擁有一些。

我們曾經出版過一本《詞典的兩個世界》，裡面對字典類的工具書，有比較完整的介紹。請參考。

如果想知道字典、詞典是怎麼回事，背後有什麼故事。就是這本書了。（Net and Books 出版）

提拉米蘇的甜食閱讀

人類為什麼要如此恆久追尋甜食的祕密。

1990 年代初，有一次去北京，認識了當時的四川省省長蕭秧。蕭秧請我去吃一家川菜餐廳。那天最大的收穫，是吃到了之前從沒嚐過的「水煮牛肉」這道菜。

一道聽來清清淡淡的菜名，端上來卻是紅通通一片，辣得你幾乎無法招架。幸好我本來就愛吃辣，所以沒輸給四川人，把那道菜吃到底。不是為了逞強。從剛開始辣得你舌頭要冒煙的狀況，逐漸感到舌頭上的味蕾挨個鬆弛、綻放開來，最後竟然口齒生津，體會到「回甘」之感，近於不可思議。

那道「水煮牛肉」，從此成了我的美食代名詞。之後無論去哪家川菜館，都要點這道菜，但哪一家也做不出那個感覺。後來我幾年沒見蕭秧，接著他又過世，所以我再也沒找到過那家餐廳，從很多方面，我相信那道「水煮牛肉」所留給我的回憶，可能只是因為我和那道菜的第一次相遇。

事隔十多年後，一個偶然的機會，北京的朋友帶我找到了那家餐廳。

這次的遭遇，讓我知道了「水煮牛肉」可以做到那個火

候，不是因為我的記憶在給它加分。是真的可以讓你的味蕾徹底解放，解放到讓你可以感覺到它們一顆一顆獨立而歡暢地呼吸著。

不過，也有意外。相對於多年前我和一道美食的相遇，這次我印象更深的竟然是一道甜食。

那天最後上來的是一道點心，叫「甜燒白」。盤子裡，雪白的一個糯米堆，糯米堆裡包著紅糖煮過的豆沙，糯米堆外披著一片片薄薄的，肥膩適中的夾層肉片。
當時，我一面體驗著水煮牛肉在我味蕾上變的魔術，心底一面閃動著一些自己都不明白的疑惑。到我吃下第一口「甜燒白」之後，我才明白自己的疑惑到底是什麼，也同時給疑惑找到了答案。
我的疑惑原來是：這種美食經驗，到底要怎麼收場呢？
而我找到的答案是：最後要有一道可以與之相襯的甜食來收場。
混合著糯米、紅糖煮過的豆沙、酥軟的五花肉片那一湯匙才入口，你就知道，一部來到最高潮的歡樂頌，有了完美的收尾。所有因麻辣而綻放的味蕾開始回收，讓你從另一個角度體會什麼是甜而不膩，以及人類為什麼要如此恆久追尋甜食的祕密。
提拉米蘇，是大家很熟悉的一道甜點。義大利文裡，Tira Misu 的意思是，這道甜點的美妙，可以「把人拉進天堂」。
那天我真的是從那道甜燒白上，體會到了這一點。

閱讀，也有一種甜食閱讀。

甜食閱讀和前面三種閱讀不同之處，在於沒有一定的目的。它不為了尋求現實問題的直接解決之道，不為了尋

達爾文因為身體不好，家人每天只讓他工作四小時。而他的娛樂就是閱讀愛情小說。

找思想的結晶，也不爲了參考或查證。

閱讀，就是爲了娛樂、消遣，追求的就是口感。所以，甜食閱讀，又可以稱之爲「休閒需求的閱讀」。

大部份的漫畫，包括武俠、推理、羅曼史在內的各種類型小說，還有寫眞集、八卦內幕等等，凡是供你消遣休閒的，都屬於甜食閱讀。

如同我們從小就愛甜食，而父母又總是會提醒我們甜食會吃壞牙齒，甜食閱讀也是如此。相對於主食閱讀、美食閱讀、蔬果閱讀，漫畫、各種類型小說、寫眞集、八卦內幕實在太沒營養，因而總是要背負浪費時間的罪名，許多還在學校裡的讀者，總難免要偷偷摸摸地閱讀這一類書籍。

如果我們知道甜食的本質，是可以不必如此視爲洪水猛獸的。

達爾文這位《物種起源》的作者，晚年由於健康的因素，被家人保護不受外界打擾，每天集中精神做四個小時的研究工作。在這樣的生活中，達爾文最重要的調劑，是閱讀浪漫的愛情故事。因而他有一個很有名的主張是：政府應該立法禁止，愛情的結局不得搞成悲劇。

達爾文可是一位畢生研讀、畢生創作美食閱讀的思想家與科學家。他都有需要甜食的時候，何況是我們。

甜食有其存在的理由與價值，不代表沒有風險，至少有三個：

一、它越是沒有被適當地認知，或是被壓制閱讀，越是會被過度地反彈與偏愛。甜食反而會回過頭來排擠其他閱讀應有的空間。

在中學階段受考試教育煎熬的少年人，應該最容易發生

黃遵憲的名著。
（編者：王寶平／上海古籍）

極品甜食《帶子狼》。（作
者：小池一夫／繪圖者：小
島剛夕／時報出版）

我最喜歡的一道甜食：《帶子狼》

我很愛看漫畫，也出版過很多漫畫。漫畫是我很重要的甜食。漫畫裡，《帶子狼》是我最喜愛的一道甜食。

一個在日本宮廷原本有著崇高地位的武士，遭人陷害，帶著一個五歲的兒子踏上復仇之路。裡面有父子在殘酷現實中，必須相依為命，又必須相互以最大的冷漠維持自己的生命力；有激烈的武打；有日本歷史的典故；有人性最狠毒的壓抑與最激動的奔放；有偶爾飄過的男女場面；還有，最後讓你連呼吸都要為之停頓的結局！

這道因為是漫畫而被我說是甜食的閱讀，其實根本把主食、美食、蔬果等各種作用都結合在一起了。這是甜食的顛峰，也代表性地說明了任何飲食到了極致的時候，所呈現的風采。

我太喜歡這套書，所以在台灣的中文版本，就是我出版的。

如果說讀黃遵憲的《日本國志》是享受有關日本的閱讀美食，那麼描述德康幕府末年的《帶子狼》，就是我享受有關日本的閱讀甜食——極品甜食。

這種情況，並且持續影響很久。

當「閱讀」被考試、教科書、參考書等蒙上不可承受之重的壓力時，一旦我們可以自己尋找些讀物的時候，很容易就把甜食當作出口，愛找漫畫、輕小說等讀物。

不過，我們應該記得：沒有人是能只吃甜食活下去的。甜食是我們需要的，但不能過度沉迷，更不能以此維生。

甜食，可是要比美食更需要追求品味的噢。

二、由於沒有被適當地對待，所以閱讀的人容易不長見識，不辨優劣。

同樣是炸薯條，有餿水油炸的，與上好的油炸的之別。同樣是巧克力，頂級的和一般的，就是不同。同樣是冰淇淋，上下之分，品味不啻天壤之別。

三、越是不辨優劣，越是不可能有機會體會到甜食的真正意義與價值。

甚至，因為今天網路上的各種遊戲、娛樂內容無所不在，所以許多人會把這些數位、網路的遊戲和娛樂，誤以為可以替代閱讀的甜食。

但，就像一口上好冰淇淋融在口裡的滋味，是不能被玩一場有趣的捉迷藏所替代，閱讀的甜食，也是如此。

回到前面所說的那個甜燒白的故事吧。

過去，我不是沒有在其他餐廳吃過甜燒白，為什麼那一天感受如此強烈。除了甜燒白本身做得好，我覺得還有一個因素是，我當時剛吃過的那道極品水煮牛肉。極品的甜食，要在極品的美食的搭配下，才相得益彰。

人，單獨只享用甜食，不是撐不下去，就是難以體會出甜食的真正價值。

難以下嚥的一種甜食

我說過，我不排斥任何甜食，也不認為給任何甜食加上好壞的標籤是有意義的。但是，我還是要說一下我難以下嚥的一種甜食。

全世界都有一種浪漫的羅曼史（Romance）類型小說。羅曼史小說的元素，是風流倜儻的騎士，遇上一位純潔而美麗的女士，經過誤會與冒險，最後有情人終成眷屬。因而羅曼史小說的主力讀者，也是情竇初開的少女。

幾年前，台灣出現了一種本土小說。封面的男女主角，不但長相都俊美飄逸無比，畫工也極其精細，浪漫朦朧的效果，你會以為那就是我們本土版的羅曼史小說。但是打開裡面，你會發現，羅曼史小說那種點到為止的浪漫情境，被太多特寫的真彈實槍的場面給取代了。

對這種難以命名的小說，我不是因為什麼道德立場而難以下嚥。只是羅曼史小說有羅曼史小說給人的樂趣，黃色小說有黃色小說給人的樂趣，硬是披著羅曼史小說的外衣，突然塞給你那麼多黃色小說的場面，一口塞在嘴巴裡難以下嚥。

中學教科書與參考書是什麼飲食

教科書是維生素。補習班是轟趴。考試參考書是興奮劑。

看過了閱讀飲食的四種分類之後,我們可以回過頭來再思考一遍教科書,尤其是中學時期的教科書,到底是怎麼回事。

現在我們所熟知的教科書(textbook),是從西方傳來的。

十五世紀中葉,古騰堡使用活版印刷術之後,歐洲開始進入知識普及化的過程。之前,中世紀的書籍,都是手抄的。因此書籍的製造與內容的詮釋權力,都掌握在僧侶的手中。有了活版印刷之後,書籍的製造不但脫離了僧侶的掌握,可以拉丁語之外的歐洲各地語言來製造,還可以大量地製造。書多了,詮釋書的內容也不再屬於僧侶專有,因而各種知識都需要大量的教師(teacher),教師則需要教科書,因而有 textbook 之誕生。所以早期的教科書,不是給學生的,而是給教師用的。

學生使用教科書,大約是從十八世紀末開始的。一方面是工業革命發生在英國之後,歐洲各國都急於趕上,因而學校制度(尤其是中學)的教育大興;另一方面是法國大革命所強調的國家、國語、國民教育等觀念興起,這些,都催促學校教育往更有效的方向推進,達成齊一化的國民素質,因而學生透過人手一冊的教科書來學習,也就成了大勢所趨。

中國出現現代概念的教科書,則是又一個世紀之後,十九

世紀末的事。

之前，中國的私塾教育，不論是識字還是其後的階段，老師所用的都是已有的文章（如〈急就篇〉、〈千字文〉）或書籍（如四書五經）。到了清末民初之交，一方面是因為科舉廢除，要採取西式學校制度，一方面是民國建立，依循國民教育概念的新式教科書這才開始出現。

講這麼多，是想說明，中小學生使用經由某些人特別編製的教科書來進行學習這件事情，只是人類歷史上很近的一段時間才發生的（大學生使用的教科書，是作者自己的著作，不在此範圍內）。

在主食閱讀那一章裡，我把學生閱讀教科書也當作一個例子來說了。

從主食閱讀會隨著時間過去而逐漸為人所淡忘的這種特質來看，教科書很符合。尤其，中學生的教科書，是在解決學生在學業和考試上的現實問題。粗看起來，很像是一種可以填飽肚子、解決飢餓問題的主食。

但是真正說起來，中學階段的教科書稱不上主食。

國民教育經過一些在國家層次所決定的課程綱要，再由某些特定的人來編寫內容，如此精密加工而製造出來的中學教科書，其實是一些維生素。考試題型是類固醇與興奮劑。補習班是轟趴。

因為教科書的意圖是：政府為了透過國民教育讓國民的素質達到一定標準，所以要經過一些由政府所決定的課程綱

要，再由某些特定的人來編寫內容。

所以，教科書是一種經過一群人，在政府特定的目的之下，經過精密加工而製造出來的「食物」。政權一輪替，有時候某些教科書的內容就會改變。歷史課綱，就是一個例子。所以實在不能把它和澱粉質的主食畫上等號。

比較貼切的說法，教科書是維生素——加工提煉之後，說是可以補充我們營養的維生素。譬如，國文是維生素Ａ，數學是維生素Ｂ。但，就是一系列的維生素。

本來，維生素是可以經由天然食物獲得的，所以，教科書這種維生素，理論上只是我們可以有的選項之一，沒有需要多麼重視的必要。民初的教育家夏丏尊說：「教科書專為學習而編，所記載的只是各種學科的大綱，原並不是什麼了不得的著作，但對於學習還是有價值的工具。」很清楚地說明了教科書的一個特點。

但是今天，因為升學的考試題目是根據教科書的內容而來的，所以學校教科書這種提煉出來的維生素，就佔上了一個極其有利的位置。逐漸地，它被視為最重要的飲食，甚至，唯一的飲食。

我們這麼把維生素大吃特吃，目的又是為了什麼呢？只為一個——因為考試的目的，是要測驗出你服用的維生素夠不夠多。

在過去，台灣的教科書綱要是由國家層次的教育部所擬定的，然後教科書的內容，也是由國立編譯館統一編製的。所以，可以說維生素的配方是一家所定，根據這個配方去產製的工作，也是集中交由一家。

後來，台灣的教科書開放民營。雖然課程綱要仍然是由教育部決定，但是教科書內容的實際編寫與印製，則不再由國立編譯館統一負責，開放給各民間出版社各自編製各自的版本。這個情況，像是說維生素的配方仍然是一家所定，但是許多廠商都可以根據這個配方去自行產製──只要配方裡規定的元素都達到，各廠商可以自行添加其他材料。

那考試參考書又是什麼呢？

考試參考書就是在面臨考試，連高密度維生素都不夠用的時候，所必須使用的類固醇，或興奮劑。

就這個角度來看，許多參考書經常標榜自己是「大補帖」、「大補丸」還真的很貼切。

至於那些號稱幫助升學、考前最後衝刺的補習班又是什麼呢？他們既然是在提供大量類固醇與興奮劑，可以說是「轟趴」。

如果接受我上面所做的歸納，那麼我們再回想一下中學六年時期，我們在父母與師長的要求下，如此以教科書和參考書為閱讀的中心，甚至生活的中心，到底有多好笑了──暫不說多令人惋惜。

今天，明明不論是網路還是書籍，都提供了那麼多豐富而多元的閱讀選擇，主食、美食、蔬果、甜食，無所不有，但我們卻完全沒有機會享用。

就好像說，我們家裡的電冰箱及樓下的菜市場裡，無所不有，但是我們每天被要求的，就是各種維生素，以及高單位維生素。一綱多本之後，維生素不但要吃，還要吃許多

牌子的。到了要準備重要考試的時候，則不但要吃這些維生素，還要再加類固醇，以及興奮劑。

而我們這麼把維生素大吃特吃，目的又是為了什麼呢？只為一個──因為考試的目的，是要測驗出你服用的維生素夠不夠多。

這樣說過教科書到底是什麼，以及我們多麼「專注」地對待教科書，以及其關聯的一族之後，也許有助於我們思考，在中學那六年時間裡，我們到底可能錯過了些什麼，以及閱讀的胃口到底是怎麼被破壞的。

想想看：今天如果有人拿一本一百來頁的書給你，告訴你這本書裡包含了心理學，人格發展理論（如佛洛伊德的「本我、自我、超我」、米德的「鏡中之我」），還有馬斯洛的需求層次理論等。此外，還包括性別平等、婚姻與家庭、社區與社會、社團及文化等，涉及性騷擾、兩性平權、家庭暴力、社區營造、移民、全球化等議題，你會不會覺得太沉重？

這不是別的書。這是教育部決定 98 學年度要加入指考的「公民與社會」第一冊──「心理、社會與文化」。

因為有長達六年的時間我們不斷地被填鴨，美其名是「讀書」，事實上卻是被灌服大量的維生素和興奮劑，所以很多人經歷了中學這六年之後，只留下對閱讀倒胃口，甚至想起來就會嘔吐的經驗和記憶。這有什麼值得奇怪的嗎？

很多父母師長感嘆學生不愛讀書，只看一些漫畫或小說，或迷戀網上遊戲。如果能將心比心，他們應該可以體會這些現象是怎麼發生的。

不值得付出那麼多時間的書

也許，它們也沒什麼不好，不過，就是不值得你付
出那麼多時間。

有些時刻，讓我很頭痛。譬如年底，有人要我跟讀者推薦
一下這一年裡讀了哪些好書。或者，有人問你對你生命影
響最大的書有哪些。

我很同意林語堂說過的一句話：「這個世界上沒有一本
書是人人所必須閱讀的，只有在某時某地，某個環境
或某個年齡中一個人所必讀的書。」

培根說過的話，更可以當作補充說明：「歷史使人聰
明，詩歌使人富於想像，數學使人精確，自然哲學
使人深刻，倫理學使人莊重，邏輯學和修辭學使人
善辯。總之，讀書能陶冶個性。每一種心理缺陷，
都有一種特殊的補救良方。」

換用我的「閱讀就是飲食」的說法，就是世界上沒有什麼
食物是你必須吃的。你應該進什麼飲食，應該看你欠缺什
麼，需要什麼。

對一個讀者來說，最昂貴的成本是他的時間。所以要小心那些讓你
付出不值得付出那麼多時間的書。

因此，在我自己的成長經歷中，對我影響很大的那些飲食
，對你可能完全沒有意義，所以，我實在不知道該怎麼推
薦——除非是先說明某些需求，並說明我的需求是怎麼被

滿足的。但那樣，話又可能講得太長了。別人要的，往往只是一些書目。

所以我難以回答。

我也沒法接受「讀好書」的說法。

不談主食、美食、蔬果、甜食閱讀的分類，只是猛的一句「讀好書」，就好像沒來由的一句「要吃好吃的」。有好吃的主食，有好吃的美食，有好吃的蔬果，有好吃的甜食，一下子說「要吃好吃的」，從何說起？

何況，指出了「好書」，是不是其他的書都是「爛書」？而「爛書」又怎麼定義？

一些食安有問題的食材，往往包裝卻很漂亮。書也是。所以要細心判斷。

我同意吳爾芙的說法。

她說，很多書雖然「實在都沒有什麼價值，甚至可以根本忽略不管，可是偶爾當你看這些殘渣，在其中發現戒指般可貴的破碎片段，而把它們重新加以組合時，那又是多迷人的經驗呀！」

所以，與其說什麼書是爛書不是爛書，我倒更願意用這本書值得花多少時間來評價它。任何書都可能讓我們發現一些可供重新組合的殘渣，問題只在於我們願意花多少時間——畢竟，對一個讀者來說，最昂貴的成本是他的時間。

也因此，我只能注意什麼可能是一不小心，付出不值得付出那麼多時間的書。

什麼書，讓我們容易付出不值得付出的那麼多時間？

86

可以歸納出以下幾種：

第一種，是它的書名和內容看起來都相當可口（也就是可讀），但實際上這些內容很多是抄別人的——不是抄襲的「抄」，就是抄寫的「抄」。

主食閱讀，由於是滿足一時對某種事情的飢渴感，所以最容易出現這種情況。
像是書名主打《XX 之前要做的 XX 件事》，作者身分卻搞不清楚的書（詳情見附文），就是一種例子。還曾經發生過一種情況，連「幽默」這種主題的書，都有作者承認抄襲別人作品而道歉，也是這種例子。

有些書，是把「城市的十字路口聽來的流言蜚語，用幾句漂亮的話就可以串聯成一篇美文」，蒙田說的。

第二種，很多作者很勤快，善於抄錄道聽塗說的東西，書裡主要引用大量他人（尤其是當代的他人）的故事。

法國哲學家蒙田（Michel de Montaigne）很久以前說的：「所以他們在城市的十字路口聽來的流言蜚語，用幾句漂亮的話就可以串聯成一篇美文。」指的就是這種情況。
英國學者約翰・拉斯金（John Ruskin）說：「嚴格地說它們根本不能算是書，而只是一些印刷精美的書信或新聞而已。」指的也是這種情況。

所以，下次如果看到：一、一些書名有意思，但是作者來路不明的書；二、同一個作者能在一個看來能教你很多東西的書名底下源源不斷的姊妹作；三、某一個熱門主題一下子湧現很多類似的書名的書，都要提醒自己注意：這些準備用一些輕鬆有趣的內容來博取你歡心，佔用你時間的

書，又來了。

第三種，經常出現在美食閱讀裡。一如魚貨會塗上螢光劑來冒充，大閘蟹會有餵食避孕藥成長的，歷史、哲學、文化這一類的主題中，也有很多自己的學問都做不通，卻假裝高深的著作。

另外，就是前面說過的，這一類閱讀的翻譯著作要注意。太多的外文原著是經典，但是翻譯出來的中文譯本卻慘不忍睹。

這種書因為不是打著學術就是打著經典的招牌，判別的難度要比第一種高很多，但是事實不然。第一種書，因為很大眾，你以為自己就可以判別，所以很容易就上鉤。但是這一種，只要你保持清醒，在看不懂的時候不要以為是自己的問題，反而容易有警覺，會去探詢一下其他人的意見。以今天網路這麼發達的環境來說，這是不難的一件事。

歷史、哲學、文化這一類的主題中，很多書你看不懂的話，不要先懷疑自己的能力，也可能是作者根本就沒寫清楚。

第四種，經常出現在字典上的問題，值得特別拿出來一談。除了前面提到，有些字典粗製濫造，像是灑了農藥的蔬果，需要小心注意之外，還有一種面目模糊的字典。

這種字典看來四平八穩的，生字、解釋、例句，無一不全，和別的字典對照起來，也沒有什麼差別。但問題也就在這裡。和別人沒什麼差別的解釋及例句，本身就沒有特色，甚至可能顯示來源根本就有問題。

所以，對付這一類問題，你一定要有一些 check point，當「查哨」用的字。有幾個查哨用的字，打開一本字典，看看這些條目底下的解釋與例句你滿不滿意，有沒有在別的地方看過，比較可以判斷。

蔬果閱讀由於是解釋字詞在不同時間裡的意義與使用方法，因此不斷更新是極重要的。很久沒有修訂的字典，不會是好字典。同理，你買了再好的字典，放在家裡卻多年只用那一本，這也就成了一種要小心的書。

字典除了可能有粗製濫造的問題，還有些面目模糊的字典，看來四平八穩，但本身沒有任何特色，也有問題。

至於甜食閱讀，我覺得最重要的就是它是否讓你轉換了心情。所以，也非常好檢查，只要隨意翻翻，感覺一下這本書是否和你來電，也就夠了。來電，就是你值得花那個時間讀下去；不來電，則別人怎麼推薦也不必理它。

以上怎麼檢查的方法，請參閱〈怎樣閱讀一本書：陶淵明、諸葛亮、朱熹和蘇東坡的方法〉一文。

《死前要做的 99 件事》及類似作品

有一本書，叫作《死前要做的 99 件事》，暢銷了一陣。有一天我好奇，去書店翻閱，因為看不太出來作者是何許人，翻久了一點，結果發現書中有三篇文章是直接把我寫的《工作 DNA》中的內容，一字不改地搬了過去。我寫信去給那家出版社。他們說該書是大陸編的，由大陸授權過來出版，所以他們不知情。出版社給我道歉後，說是把該三篇文章抽掉，另以「修訂版」上市。由於他們說那個「賴純美」是大陸作者，我也難以查證，也

就沒多加追究。

其實，我有點好奇，這 99 件事中既然有三件是抄我的文章，可不可能還有別的文章也有類似的問題。

所以，如果像是《ｘｘ前要做的ｘｘ件事》這種書名引起你的好奇而購買，我要提醒的是，除非這種書的作者講得出來是什麼人，否則只是用一些文字組合的姓名當作者，則東拼西湊的可能太大，必須小心注意。

Part 3
跨越網路

無辜的網路

人類一直有一種方便了，就不想閱讀的根性。

有一次演講結束後，聽眾交流的時間，有兩位女士先後發言。

先發言的顯然是一位母親，她為孩子日益偏向於使用網路而不接近書籍而煩惱；後發言的則似乎是一位當姊姊的人，她認為毋須為孩子操心那麼多，他們自有出路。就像我們自己，父母也曾為我們操心很多，但我們也走出了自己的路子。

兩位針鋒相對了一陣，令我印象深刻。

閱讀本來就是各說各話的事情。不然，也不會有那麼多人談、談了這麼久的時間，結果還是得不斷地談。

網路風行之後，給我們新添的一個苦惱是，給「閱讀」這件事情增添了更多容易講不清、分辨不清的面貌。

所以，對於網路，最常聽到的一個說法，就是網路使得人遠離了書。甚至，遠離了閱讀。

但，真的是這樣嗎？

翻開人類的歷史，我們總是拚命想把閱讀這件事情變得比較容易，比較便利些。

文字和圖畫，從早期刻在石頭上、動物甲殼上、竹子上，到寫到皮革上、紙張上，到印刷、裝訂成冊，再到轉化為電子與數位型態，可以用電腦、手機與其他行動載具來顯

示，我們一直希望把閱讀這件事情變得越方便越好。

從最早只有和神界可以溝通的祭司才有資格閱讀，到王公貴族壟斷閱讀的權利，再到民間富有之家也可以閱讀，再到推廣給更普及的人民，終於成為人人皆須接受國民教育，我們一直希望閱讀的能力與機會，能推廣到越多的人手上越好。

但是，作用力必有反作用力。

想把閱讀推廣與普及的力量越大，吸引我們不想閱讀的力量也就越來越大。

在中國，公元十一世紀的宋代，印刷術大盛，突破了過去書籍只能用手抄的，費時又少量的侷限，於是各種書籍的種類和數量都擴大，「莫之不有」。但也就在這時，蘇東坡寫了〈李氏山房藏書記〉，感嘆過去書籍取得不易的時代，大家願意千里迢迢追尋一本自己想讀的書，但到了什麼書都有了的時候，卻反而大都不愛讀書，只顧得「游談無根」（愛八卦）。到了清朝，書籍出版得更多了，袁枚寫〈黃生借書說〉，感嘆就比蘇東坡的時代又多了一層。

蘇東坡感嘆他那個時候的人，就因為可以讀的書籍太多，取得太方便，反而不愛讀書，只愛八卦。不知道他來到今天會怎麼說。

在西方，也有類似的情況。

十八世紀末，法國大革命，帶動起「民主」與「國家」的觀念，在推動國民的教育與閱讀上，起了里程碑的作用與影響。同一時間，工業革命所帶動的印刷技術的改良，在書籍演進史上也有很關鍵的影響。然而也就在那之後不久，火車出現了，於是很多人感嘆過去大家願意守在家裡安安靜靜讀書的日子一去不復返，現在都急於到處去旅行了。

大約一百年後，十九世紀末的時候，英國的威廉‧莫里斯

使用 www 的人應該知道讓這件事情得以實現的提姆・柏納李，是什麼思路，什麼過程。（譯者：張介英、徐子超／臺灣商務印書館）

（William Morris）把出版者與印刷者的角色做了劃時代的分工，出版產業向前躍進了一大步，書籍的樣貌與形式也有了很大的革新。不過，這時電話出現了。於是，像梭羅這樣的很多人又開始感嘆，過去大家可以在火車上旅行，安安靜靜讀點書的日子一去不復返，現在，大家只愛在電話上煲電話粥了。

進入了二十世紀的 20 年代，西方出現了平裝本革命，書籍再次以前所未有的便宜價格，與方便攜帶的形式出現。書籍與大眾之間，出現了零距離。但是也就在這之後不久，電視登場了。電視登堂入室的結果，使更多人感嘆我們離閱讀這件事又遠了。

二十世紀末，網際網路（internet）現身，人類自有書籍以來的最關鍵一次的革命，登場了。原先是美國學術機構裡，方便大家為了交流論文而發展出來的網際網路，經過二十多年的發展，到 90 年代終於普及到每一個人手上。閱讀，突破了書籍時代所面臨的空間與時間障礙。但也就在這同時，網上各種遊戲與娛樂的風行，讓許多人又感嘆

袁枚〈黃生借書說〉

清朝袁枚的這篇文章，把書一旦為己所有，反而不讀，要自己沒有，才會愛讀的心理寫得很細緻：

子不聞藏書者乎？七略四庫，天子之書，然天子讀書者有幾？汗牛塞屋，富貴家之書，然富貴人讀書者有幾？其他祖父積、子孫棄者無論焉。非獨書為然，天下物皆然。非夫人之物而強假焉，必慮人逼取，而惴惴焉摩玩之不已，曰：「今日存，明日去，吾不得而見之矣。」若業為吾所有，必高束焉，庋藏焉，曰：「姑俟異日觀」，云爾。

，我們從沒有如此背離閱讀的可能。

我們一直想把閱讀這件事情弄得更普及，更便利。
然而，閱讀越是方便的時候，我們越是不想閱讀。

人性如此。從來如此。和網路無關。

蘇東坡：〈李氏山房藏書記〉

蘇東坡應一位朋友之邀，為他的藏書寫的這篇文章，重點摘錄如下：

自孔子聖人，其學必始於觀書。當是時，惟周之柱下史聃為多書……士
之生於是時，得見《六經》者蓋無幾，其學可謂難矣！而皆習於禮樂，
深於道德，非後世君子所及。自秦漢以來，作者益眾，紙與字畫日趨於
簡便，而書益多，世莫不有，然學者益以苟簡，何哉？余猶及見老儒先
生，自言其少時，欲求《史記》、《漢書》而不可得；幸而得之，皆手
自書，日夜誦讀，惟恐不及。近歲市人轉相摹刻，諸子百家之書，日傳
萬紙，學者之於書，多且易致如此，其文詞學術，當倍蓰於昔人，而後
生科舉之士，皆束手不觀，游談無根，此又何也？……
乃為一言，使來者知昔之君子見書之難，而今之學者，有書而不讀，為
可惜也。

大意是古時候一般讀書人接觸不到什麼書，只有像老子那樣掌管圖書的職
官，才有機會接觸到很多書籍……然而古人對禮樂、道德的深刻修養，卻
是後世所不及的。
秦漢之後，寫作者越來越多，紙和字畫使用簡便，書籍量日益增多，到蘇
東坡所在的宋代，雕版印刷已經發明，諸子百家的著作更是大為流傳，學
者很容易得到豐富的圖書，按理說他們的文辭學術修養，應該比從前的人
高出好幾倍才對。但後生卻有書不讀，只會沒有根據地空談，這又是什麼
道理呢？
所以蘇東坡說他寫這篇文章的目的是，讓後人了解過去讀書人的困難，也
提醒大家有書不讀，真是太可惜了！

爲什麼不必是文字與書

我們的基因中，許多感官作用需要重新被喚醒與恢復的必然。

那兩位女士的發言，表面看來像是兩個極端，但事實上是同一個出發點。

第一位母親的發言，太過重視書的作用了。

那位當姊姊的發言，表面看來雖然顯示了她對「網路」與「書」的平等對待，但是她引用今天之前的人曾經自己找到出路，而對下一代的人主張平常心看待，則又忽視了今天面對的變局，是人類過去所從未有過的。

一個閱讀的嶄新時代已經來臨，如果只是援用過去幾十年、幾百年的經驗，遠遠不夠。只是主張以平常心來看待「網路」與「書」，同樣也只是延續書籍時代的思維而已。

古人說倉頡發明文字後，「造化不能藏其祕，故天雨粟；靈怪不能遁其形，故鬼夜哭。」可是，柏拉圖對文字的威力，有不同的看法。

今天大家都在談網路帶來的閱讀革命，但是這場革命的眞實面貌，很容易隱沒在烽火的煙霧之中。像那位母親，許多人擔心網路挾帶著大量影像、聲音，會不會徹底破壞（尤其是以書籍來呈現的）文字的閱讀。

要思考這個問題，不妨問另一個問題，那就是：「文字與書籍，對我們到底有什麼意義？」

人類發明文字，不論中西，大約都是距今五、六千年左右的事。

懂得利用文字，在人類幾百萬年的進化史上，當然是極為震撼的一件事。人類的思想，從此便於同輩人交流，前後代流傳。古人說倉頡發明文字後，「造化不能藏其祕，故天雨粟；靈怪不能遁其形，故鬼夜哭。」可以說明這個事件的震撼性。近代科學研究指出，閱讀及使用文字對大腦及智力的重要性，則更有許多書籍與論述，這裡不再贅述。

至於書籍這件事情，就是更近的事情了。人類有紙張，是大約二千年的事；有印刷術，在中國大約是一千四百年，西方大約五百多年的事。而中文世界裡，習慣以目前我們常見的書籍形式來閱讀，則不過是一百多年的事情。

總之，在人類演化的四百萬年歷史中，從五千年前學會閱讀文字、一千年前懂得使用書籍之後，雖然給人類的文明與文化發展，都帶來遠非其前所擬的推展，但是我們應該知道，文字與書籍的重要性再大，在人類漫長的歷史上，這頂多五、六千年的演變，只是一個短暫的過程。

文字與書的出現雖然晚，人類的閱讀可不是。早從非常遙遠的過去，我們的閱讀就開始了。只是那時候的方式不同而已。

閱讀既然是經過，甚或進入大腦的，不能不了解大腦的運作。（作者：麗塔‧卡特／譯者：洪蘭／遠流出版）

那時的閱讀可能是白天看地上野獸的足跡，可能是夜裡仰望天上的星星；可能是看山洞裡的壁畫，更可能是聽別人的口述。

文字出現的好處是，多了一個可以極為抽象又方便地認知這個世界的方式；壞處是，我們原先綜合運用各種感官的

全觀能力逐漸退化。書籍出現的好處是，把文字的傳播力量做到最大的擴散；壞處是，我們容易疏忽——甚至，貶低——書籍以外的知識來源。

柏拉圖講過一個文字剛發明時候的故事。

埃及的一個古神……名字是圖提。他首先發明了數目、算術、幾何和天文……尤其重要的是他發明了文字。當時全埃及都受塔穆斯的統治……圖提晉見了塔穆斯，把他的各種發明獻給他看，向他建議要把它們推廣到全埃及。那國王便問他每一種發明的用處……輪到文字，圖提說：「大王，這件發明可以使埃及人受更多的教育，有更好的記憶力，它是醫治教育和記憶力的良藥！」

聽了圖提的說明，埃及國王回答了下面這麼一段話：
現在你是文字的父親，由於篤愛兒子的緣故，把文字的功用恰恰說反了！你這個發明結果會使學會文字的人們善忘，因為他們就不再努力記憶了。他們就信任書文，只憑外在的符號再認，並非憑內在的腦力回憶。

對於圖提認為文字可以對教育產生的功能，塔穆斯也有不同的看法：
至於教育，你所拿給你的學生們的東西只是真實界的形似，而不是真實界的本身。因為借文字的幫助，他們可無須教練就可以吞下許多知識，好像無所不知，而實際上卻一無所知。還不僅如此，他們會討人厭，因為自以為聰明而實在是不聰明。（柏拉圖〈斐德若篇〉‧朱光潛譯）

站在文字發明到今天的五千年歷史的中間點上，柏拉圖

二千五百年前的這段話，把文字閱讀可能發生的問題，做了歸納，也做了預言。

1920 年代的時候，一位先生說：「書只是供給知識的一種工具，供給知識其實並不一定要靠書。」他又說：「太古時代沒有書，將來也可不必有書，書的需要可以說是一種過渡時代的現象。」

說話的人，是民國初年的教育家夏丏尊。他沒來得及看到網路時代的來臨，但是他所歸納的，也在預言今天網路時代所發生的事情。

快一百年前，夏丏尊就說：「太古時代沒有書，將來也可不必有書，書的需要可以說是一種過渡時代的現象。」真是厲害。

人類對世界認知的方式，先是有觀察，再用圖像、肢體表達、音樂、語言，之後再發展出文字來表達。

在文字的出現之前，人類的「閱讀」並不是不存在的——只是以聲音、圖像、氣味、觸感，甚至意念而存在的。

人類演化了幾百萬年終於在最後的五千年出現文字，以及其後更近的時間出現書籍來方便文字的傳達，是一種歷史的必然。

人類在使用了文字與書籍一段路程之後，又透過科技發明了一種新的形式，企圖擺脫文字與書籍閱讀的限制，也是一種歷史的必然。

我們的基因中，許多感官作用需要重新被喚醒與恢復的

必然。

從某個角度而言，我們的確是進入一個和過去截然不同的全新時代。

網路出現的本意，雖然是為了方便文字的交換與傳播，但卻註定要提供一個文字以外的閱讀與溝通的過程。網路終將結合文字以外的聲音、影像、氣味、觸感，甚至意念，提供一種全新的認知經驗，讓人類重歸全觀的認知經驗。

種種全新的發展，難免令我們忐忑不安。
但是換一個角度來看，我們也可能不過是回到過去，恢復一些被壓抑了許久的需求。

所以我對伴隨網路時代而來的圖像閱讀、影音閱讀、多媒體閱讀等等，沒有那麼多擔心。

因為這不是人類沒有過的經驗，更不是人類不需要的經驗，只是過去幾千年被壓抑後的釋放而已。

我們需要擔心的，與其說是這些發展會不會破壞文字閱讀、書籍閱讀，不如說是如何讓文字閱讀與書籍閱讀，配合這些既古老又新興的多媒體閱讀形式，一起產生更新的作用。

網路上的閱讀飲食

這還是個網路閱讀的新石器時代，但有些資源不該錯過。

網路上的閱讀，可以分兩個面向來看。

第一個面向，和書籍閱讀一樣，也可以分為四類飲食。

第一、主食閱讀——新資訊的需求。網路新聞、網路雜誌、社群媒體、特定知識的學習網站、鑽研一些特定領域的部落格。

第二、美食閱讀——思想結晶的需求。許多已經轉化為數位檔的公共財經典，如 Gutenberg Project。

第三、蔬果閱讀——工具需求。大家說來最熟悉的 Google、付費的網上大英百科全書、免費的維基百科（Wikipedia）、亞馬遜（Amazon）網路書店、數位圖書館。

第四、甜食閱讀——休閒及娛樂需求。網路上的小說、漫畫、遊戲，YouTube 上許多休閒內容、大部份隨筆類的部落格等等。

網路上這四種閱讀飲食的正面與負面因素，一如書籍四種閱讀飲食所需要注意的事項，這裡不另作說明。

網路上的閱讀的第二個面向，主要是因為聲音、影像、互動介面的設計，以及社群參與得以立體呈現，所以很多地方都顛覆了傳統的閱讀概念與價值。

我可以拿 2015 年去參加的「開源人年會」來舉例說明。

開源人年會（Conference for Open Source Coders, Users and Promoters，簡稱 COSCUP），就是寫「開放源碼」的人一年一度的聚會。所謂「開放源碼」，就是你寫軟體程式的時候，可以使用一些別人免費公開分享的原始碼，然後等你寫好之後，也要把你寫的這一部份免費公開給別人使用。

這件事情有一種「人人為我，我為人人」的精神。如果你的軟體好用，全世界的人都來使用、改寫的話，相當於全世界的人都加入了你的開發團隊。臉書 Facebook 就是使用大量開放源碼寫出來的，而臉書也開放他們自己的一些源碼。

「開放源碼」在台灣越來越熱門。2006 年開始的這個 COSCUP 年會，起初只有大約兩百人參加，到 2015 年滿十周年，已經有兩千人參加，其中兩百人擔任志工，負責辦理整個年會的所有活動。

我參加這個活動，基於兩個好奇。一個是：為什麼這些寫程式的人平常願意當「阿宅」，卻如此重視一年一度見兩天面的機會？又為什麼會有這麼多人願意熱情地當志工，而不擔心錯過年會的內容？

那年年會的總召集人畢玉泉，大家都叫他小畢，給了我解答。

小畢是成大資訊工程系畢業。他說：COSCUP 有個口號是：40% 議程，60% 交友。也就是來交朋友比你學到什麼還重要。

為什麼對這些寫軟體的人來說，交友比聽議程更重要？

小畢說：在軟體相關知識的領域，學校老師教你的，都主要是基礎的、理論的，比較不會被時間淘汰。而眞正應用的技術，卻是從社群裡學來的。但是天下的技術如此之多，在學習之前，你一定要先聽到、先知道你想學什麼。這時候就知道參加社群、交友的重要。社群裡大家會互相分享自己覺得很棒的技術，你受到刺激了，感興趣了，就會進行下一步。

「這樣的話，你自己如何學習新知識的能力就很關鍵了。你覺得學校有培養這種能力嗎？」我問他。

「沒有。學校裡要你學的不是怎麼學習新的知識，而是把課本上的東西一字不漏地記下來。」他強調了一遍，「一字不漏。」

「那交朋友的能力呢？」

「學校也沒有教我們怎麼交朋友。」他回答。而他們之所以說 40% 聽議程，60% 交朋友，除了是彌補交朋友的樂趣之外，其實也是對學校教育方式的另一種反動。「聽議程和聽老師講課是一樣的，都是上頭有人講你在下頭聽，像是 Client-Server 的關係。這種單向傳遞知識的路行不通了。而你在社群裡和朋友的學習，是 P2P 的學習，可以隨時彌補你的不足。」

這樣就解開了我的一個疑問：這些阿宅既然如此重視一年一度見兩天面的機會，為什麼會有這麼大比例的人願意熱情地當志工，而不擔心錯過年會的內容。因為當志工就是最活躍的交朋友的機會；因為他們相信眞正的學習不是聽講台上單向傳下來的內容。

「不過第二天晚上的 Lightning talk 閃電秀，每場五分鐘的會，是我們每個志工也都要去聽的。」小畢補充了一句。

開放源碼和 COSCUP 示範的，是一種新的、共享的學習環境和模式。而這件事情目前雖然是發生在程式寫作的領域裡，但未來其他領域的學習方法勢必也會受到影響。

而這些，都是因爲網路上的閱讀有了新的機會而新生的可能。要了解網路上的閱讀，不能錯過這些。

一種無中生有的閱讀可能

使用搜尋引擎，最好懂得介於"Love"和"Obsession"的十五種類似詞。

我有一次完全不靠書籍，只憑網路的閱讀經驗也可以談一下。

在一個快過年的傍晚，天色黑黑的，我和一個剛去美國回來的朋友通起電話。電話裡，她跟我講起一個前一陣子看過的電影。電影的情節一下子就吸引住我，所以就聽了下去。

一個女孩子從小在花店長大。她父親經常要她送花去一些地方，其中包括了一個殯儀館。她因為這樣而不但不害怕死亡這件事情，長大後還去學醫，進而有了更多接觸屍體的機會。然後，她有了戀屍癖，甚至會和屍體做愛。再來，她有了一個男友，但是他始終沒法真正接觸她靈魂的深處。男友發現了她的癥結，甚至假扮屍體和她做愛，不過，當然還是沒法度。最後，一天深夜，男友打了通電話要她出去，等她趕到推門而入的時候，男友望了她最後一眼，然後……

這個故事的結尾不講了。總之，她激動地說這部電影有多麼邪惡、色情等等。我雖然平常不愛看這種電影，但是被她說得起了好奇心，於是問她記不記得叫什麼片名。

沒有印象。我問她演員是誰。也不知道。「不過，那個男演員好像年輕時候的彼得・奧圖（P. O'Toole）啊。」她說。

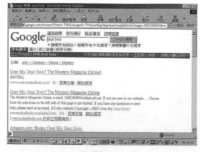

圖1

圖2

圖3

圖4

「那是不是彼得‧奧圖啊？」我問。

「不是，不是，絕對不是。」她一口咬定。

她能給我的訊息就這麼多。

可是我很想看看這部電影。打電話問跑影劇線的朋友？求人不如求己。我決定上網查查。

先上 Google 吧。隨便鍵入一個"dead body"。當然看不出個所以然。（如圖 1）

再鍵入一個"love"。仍然不行。（如圖 2）

我決定轉變戰場，去電影網站看看。於是去了當時常去的 reel.com （現在這個網站已經沒了）。但是一打開新的視窗，就先發愣了幾秒鐘。要查什麼？ Horror ？ Sex ？人家的 search engine 只有"Actor"、"Director"、"Title"三個選項。而我對那部電影的這三個項目一無所知。（如圖 3）

忽然想起那個演員長得很像年輕時候的彼得‧奧圖，所以就鍵入了"Peter Otoole"，但是跳出來的畫面說是查無此筆。（如圖 4）

那一定是我拼錯了他的名字。這簡單，我只要去找《阿拉伯的勞倫斯》就可以回頭找到他的名字。但是怪了，在"Title"項下鍵入了"Laurence of Arabia"之後，跳出來的畫面仍然說是查無此筆。（如圖 5）

沒關係，我記得導演是 David Lean，從"Director"

106

的選項下鍵入之後，這次沒錯，很快地找到了
他導演的《阿拉伯的勞倫斯》，這一來我有兩
個發現，一個是把"Lawrence"錯拼為
"Laurence"，一個是彼得‧奧圖的正確拼法
是"Peter O'Toole"。（如圖6）

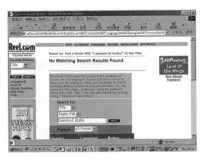

圖 5

由此再拉出 Peter O'Toole 的作品清單，瞄一眼
也知道不必再看了。又不是他演的，只是一個
長得像他年輕時候的人哩。（如圖7）

圖 6

我決定再回到 Google。突如其來地想到，何不
在"dead body love"之後再鍵入一個"Peter
O'Toole"試試。但是，出來的畫面一片汪洋，
看不出什麼跡象。（如圖8）

我想，換個檢索的字吧。我在"dead body"之
後，拿掉"love"，改用一個"obsession"。
到了戀屍癖的程度，應該用"obsession"（
執迷）來試試看。然而，還是一片沙漠，光
看頭三項就覺得不值得再把畫面拉下去。（
如圖9）

圖 7

這樣，我在"dead body obsession"之後再鍵入
"Peter O'Toole"試試看吧。跳出來一個畫面。
（如圖10）

我懶洋洋地看著。第一項沒什麼好看的，第二
項也是。但是，但是，哇！你看這第三項底下
的說明是什麼！（如圖11）

圖 8

...to teach her embalming and eventually takes

107

圖 9

圖 10

圖 11

圖 12

college classes that teach her the intricacies of the human body. She later takes up with Matt, a young medical student （Peter Outerbridge, who resembles the young Peter O'Toole）, to whom she readily confesses her obsession with the dead, admitting that...

哇哈哈，被我逮到了！

我很快地按進去，是一篇影評，談的就是那部電影。（如圖 12）沒問題，從這一頁，我起碼得知了這部電影的片名叫 "Kissed"，回頭再去 reel. com 找就是了。

我再回去，有了片名，一下子就找到了，1997 年的電影，演員是 Molly Parker，Peter Outerbridge，導演是 Lynne Stopkewich。一個都沒聽過，能找得到才怪。（如圖 13）

這些事情說時遲那時快，其實從我開始上網，到發現那個天馬行空的尋找還真的找到了目標，為之狂叫歡呼的時候，其實不到五分鐘。

我相信即使我要打電話找那個很懂電影的朋友，而且他也能為我找到答案，所花的時間也一定不只如此。

這次經歷所體現的，其實就是網路的神奇。我能從幾乎一無所有的資料中，兩三下就找到這部電影，完全歸功於在茫茫眾生中，另外有一個人也和我的朋友一樣，深深覺得那位男友長得很像年輕時候的彼得‧奧圖，並且把這一點寫在他的影評中。然後，另外一個人雖然是捕風捉影，天馬

行空地想像，但透過兩個人共同的感覺用詞，找到了目標——兩條線交會，就把那個點給定位了。

圖 13

（後來，有一位朋友說，如果直接用 necrophilia〔戀屍癖〕加 movie，在 Google 上 Kissed 這部電影是首選，更省時間。但是這部電影的簡介並沒有把故事講得那麼清楚，更沒有說明男主角長得很像年輕時候的彼得‧奧圖，就算看到了，我也不敢確定那就是我要找的電影。）

所以，使用網路搜尋的重點，應該可以有以下的歸納：

一、懂越多的語言越好——有的東西中文裡找不到，英文裡有；英文裡沒有的，別的語言裡有。

二、興趣越廣泛越好——有的東西在這個領域的網站找不到，在其他領域的網站有辦法。

三、狂想越大越好——不要怕狂想連結找不到老師會罵你。

四、可以使用的字彙越多越好——最好懂“Love”和“Obsession”的十五種類似詞。

五、不要怕拼錯字——除了有些搜尋網站可以當字典來提醒拼字不說，一般只要有資料庫的網站使用得當，也可以幫你交叉定位，找出正確的字或名字。

六、要有追根究柢的精神，不過，也要訓練沙漠裡看駱駝尾巴的眼力——如果非要每個頁面都一項一項打開來看，你會累死。

七、要很會使用 Google，但是，也絕不能只使用它一個工具——它是個大百貨公司，但是也要有些精品店可去。

八、要捨得加入一些付費的資料庫——最起碼要再加入一個權威、付費的百科全書資料庫，一個付費的新聞資料庫，一個和你專業有關的資料庫。拿這些資料庫和 Google 這種搜尋網站搭配使用，有不同的對話樂趣（所以我使用 Wikipedia 的同時，也使用 Britannica.com）。

九、使用的電腦和頻寬，能同時打開越多網頁視窗越好，並且多個文字、影音檔同時操作也能流利順暢，一如你只打開一個 text 檔工作一樣。

跑車插了銀翼之後

你聽說過鄺其照這個人嗎？

2003 年，我編一本叫《詞典的兩個世界》的書。
編書的過程裡，在有關中國怎麼出現最早的英漢字
典這件事，去跟上海的周振鶴教授邀稿。
周教授寫了一篇英國傳教士馬禮遜編成的中國第一
部英文學習詞典。但是，中國人自己編的英漢詞典，
另有其人。他告訴我一個名字是「鄺其照」，但其
他資料則無。只知道在東京的御茶之水圖書館裡，
存有一本鄺其照編的字典。

《蘭和・英和辭書發達史》
這本書的附錄裡，讓我找到
鄺其照的線索。（作者：永
嶋大典／ゆまに書房出版）

我請東京的朋友幫我去看看是否能找到這本字典，當
時偏偏那個圖書館封館裝修，要半年多後才能重新開
張。而我們那本書出版在即，難以等待。
我用網路查，只能查到一些瑣碎的資料。拼湊不起來對
這個人及他所做的事情的樣貌。

在那本書快要完成的階段，我去日本參加了一次 Book and
Computer 舉辦的研討會，也趁機去東京神保町的舊書店
尋覓一番，結果看到一本《蘭和・英和辭書發達史》（永
嶋大典著）。我原來只是好奇而翻翻那本書，但是書後一
個 14 頁的附錄〈英語辭書史年表〉，卻讓我收穫極大，
決定買了下來。我沒想到在那個年表中，竟然看到了鄺其
照的名字，以及他出版的第一本中國人編的英漢字典，
在日本也出版過的年代及其他資料。這樣，我知道那本
字典的正式名稱是：《字典集成》，鄺其照的英文拼音是
Kwong Ki-chiu，甚至還有他編寫其他字典的資料。

111

內田慶市送我的書。（關
西大學出版）

有了這些線索，我再上網查，查到了日本關西大學一位內田慶市教授有做過鄺其照的研究。於是我再寫 email 去給內田教授，一個星期後，我收到了內田教授寄給我的一本他的著作。於是我趕在截稿前夕，終於從一個對他一無所知的人，進而可以寫出一篇介紹他的文字了。（請見附文）

網路，網路。

書本裡，藏著許多時空轉換器。所以，打開一本書，我們就擺脫了人類肉體的限制，在宇宙裡有了穿梭、跳躍、變身的能力。

然而，在網路出現之前，我們最大的問題是，難以尋找到自己需要的那本書。

打開了那本書之後，我們就會擁有神奇的經歷與能力，但是，必須先解決如何找到那本書的問題。

在舊書店二樓小小的走道裡，充滿古舊紙張味道的空氣中，看到那本書後面附錄裡出現了一個遍尋不著的名字，真是很深刻的記憶。

網路沒有出現之前，我們探索知識的世界，像是在步行。

步行，每個人都受到包括空間與地理條件在內的許多限制與拘束。

網路出現，則許給了每個人一台風馳電掣、無遠弗屆的跑車。

還是插了雙翼的蓮花跑車，從此，步行的空間與地理界限，不再存在。

有了跑車，沒有理由不使用這種交通工具的方便；但有了跑車之後，也不表示每個人都不需要走路了。重要的是如何適當地交互使用。

用旅行來舉個例子。有了跑車之後，（除非有特殊目的）

堅持要去千里之外的一個地點也要步行，是浪費時間；但是到了目的地，只開車晃個一圈，不肯自己下車，尋幽探微，也是浪費時間。

所以，不懂得怎麼利用這台插翼的跑車，是最大的浪費；不知道怎麼把這台跑車和自己的雙腿結合使用，是最大的遺憾。

才一百多年，歷史上許多重要的人物和書籍，就可能船過水無痕，被我們忘個一乾二淨，那更久的時間之前呢？

我追尋鄺其照的過程，心裡有很大感觸。

第一個感觸，是我們人類多麼善忘，茫茫書海可以掀起多麼大淹沒一切的波浪。

鄺其照這樣一個對中國不只詞典史上，也是近代閱讀史上如此重要的人，才不過一百來年的時間，竟然能整個就消失，被人遺忘了。

第二個感觸，是何其有幸有網路相助，我在極少援助可以使用的情況下，透過網路，完成了如果是過去，不可能做到的事情。

不知道搭配「網路」與「書」，我們會喪失太多珍貴的閱讀機會。

鄺其照與《華英字典集成》

鄺其照,字容階,廣州聚龍村人。1875 年(光緒元年)第四批官費留學生三十人搭船赴美,就是由他率領。此外,從一些零星的資料裡,還可以看到鄺其照曾任清朝政府派駐新加坡的商務領事、駐美商務參贊助理等職。

1868 年,鄺其照著的《字典集成》在香港的中華印務總局出版,後來第三版時改名《華英字典集成》。這是第一本由中國人編著的英語學習字典。

《華英字典集成》出版時,深受注目。光緒元年再版時,是丁日昌封面題字。後來市面上除了有一些翻刻本(點石齋就有一個版本)之外,到 1899 年,商務印書館還加以修訂、增補,出版了自己的第一部英漢詞典:《商務印書館華英字典》(照點石齋版本的說法,以及日本關西大學內田慶市的考證,《華英字典集成》應該是以 1840 年代英國人麥都思〔Walter Henry Medhurst〕的一本英漢字典為藍本)。

《華英字典集成》對日本的影響也很大。書成初版的那一年,是日本明治元年,正是中日兩國國力消長互見的年代。第二年,1869 年,日本經由上海美華書館的美國活版技師,把活版印刷術帶入日本,引發了接下來的出版與知識革命。之後,日本除了有永峰秀樹訓譯的《華英字典》(竹雲書屋發行)之外,1899 年增田藤之助也據以「校訂編纂附譯」而成《英和雙解熟語大辭彙》(英學新誌社出版)。曾經,周作人在一篇文章〈翻譯與字典〉中提到,據說連日本福澤諭吉學英文的時候,都是用《華英字典集成》。直到今天,日本還是有人對《華英字典集成》保持研究。

鄺其照的著作,另外還有 1881 年在紐約出版的 *A Dictionary of English Phrases with Illustrated Sentences*(後來在 1901 年在日本由國民英學會出版局出版過);1886 年在廣州創辦過一份《廣報》;最後,還可以零星地知道他寫過一本《應酬寶笈》(*Manual of Correspondence and Social Usages*),以及《臺灣番社考》(所以應該是來過台灣)。

有十四種外語的可能

沒有網路的時代,多學一種外國語可能奢侈又沒有使用機會,現在,正好相反。

即使是沒有網路的時代,一個讀者都知道多具備一些外語能力的重要,何況,是有了插翼跑車的網路時代。

有了插翼跑車,我們要去很遠的地方,也要去很多地方。多具備一些語言能力,有助於探聽各地的消息,分享不同國度的馳騁心情,最重要的,從多方面衛星定位自己要追獵的閱讀目標,追獵到了之後,並可以從多角度享受閱讀目標。倘若不是在中日兩地交叉搜尋,我是定位不到酈其照的。

所以,如果你每天上網,只使用中文在網上搜尋,對不起,你實在在浪費網路,你只是開著一台插翼的蓮花跑車每天去巷子口的便利商店買飯糰而已。

有英文能力?那也不夠。
插翼跑車的時代,外語能力必須在英文之外再有一種。至少。
在沒有網路的時代,要多學一種外國語是很奢侈的——奢侈於學習過程的成本,還有學習之後要不斷練習的成本。

在台灣,如果你選擇了學習波蘭語,你要去哪裡找到適當的師資,找到報紙練習閱讀新聞,找到小說練習文學的閱

讀？也許都找得到，但是，太昂貴了吧。

但是有了網路之後，你所有原本要付的代價都沒有了。波蘭的網路報紙，你和他們同步閱讀；波蘭的古典小說，你可以上網找到；你想交一個波蘭朋友，直接在社群媒體上練習文字對話，或是在一些即時通訊媒體上練習口語對話，也完全沒有問題。

剩下的，只是你有沒有決心。

所以，如果你使用 Wikipedia，而又只知道使用中文的，那也是在糟蹋這個維基百科。

維基百科跟大英百科相比，條目的精確度及深度，都還是有爭議的。但是有一點，保證是大英百科沒法相比的，那就是每個條目都可能有其他一些外語版本的解釋。大英百科全書可沒有那麼多版本。何況，這麼多語言的版本，可不是同一個內容的不同文字呈現而已。而是敘述角度與方法個個南轅北轍的不同語言版本。

隨手舉個例子。十年前有一次我在維基百科上查「甘地」的印象很深刻。當時，不論中文版還是英文版，內容都很

邱吉爾說學習外語的好處

精心挑選一門語言，全力以赴學好它，不能用這門語言愉快閱讀就絕不罷休。用外語讀些書能鬆弛大腦肌肉，因為外語能以另外一種方式使大腦活躍起來……以吹號為業的人可能很樂意把拉小提琴作為消遣，用另一種語言進行閱讀也是同一個道理。

116

豐富，並且主要在對甘地肯定與稱頌的居多。

但是那天我按進韓語版的時候，卻發現「甘地」這個條目的敘述極少，只有兩個段落，並且一個是「事蹟」，一個是「批判」。批判的有三點：一、甘地在印度勞工階層眼中，只不過是個「既得利益者中的一個知識分子」而已；二、甘地對於弱勢勞工的運動，有和資本主聯手壓制的紀錄；三、一次大戰期間，甘地主張印度參戰，有違他非暴力抗爭的立場等等。

十年後再看韓語版的這個條目，有關甘地的生平介紹多了一些，但是在內容架構上仍然有別於中文和英文版，明顯地多列著一個「批判」的項目。維基百科韓文版的甘地項目中，為什麼有這些現象，饒有興味。

所以，你在閱讀維基百科嗎？理論上應該把維基百科上的所有版本的語言都學會。這才能真正發揮維基的威力，也才能真正發揮插翼跑車的威力。

用維基百科，又不同時多看幾種語言的版本，是太浪費維基的設計了。

會那麼多種外語，是不可能的事嗎？

看一看這個人毛遂自薦，自我介紹語言能力的信吧：

對印歐語系及敘利亞－阿拉伯語系之語言與文學均頗熟稔，雖非全部熟知，但擁有一般詞彙及結構方面之知識，僅需稍加用心即可通曉。
至於精通之語文包括羅馬語系之義大利語、法語、西班牙東北部加泰隆尼亞地區方言、西班牙語、拉丁語；通

《瘋子‧教授‧大字典》很生動地述說了牛津字典主編莫雷的傳奇故事。（作者：賽門‧溫契斯特／譯者：景翔／時報出版）

曉葡萄牙語、瑞士沃洲、法國普羅旺斯等多種方言。

日耳曼語方面，略通荷蘭語……比利時的佛蘭芒語、德語、丹麥語。

在盎格魯－撒克遜及密西哥特語方面，本人之研究更為深入，對此等語文有若干研究論文可以印行發表。

本人對凱爾特語略知一二，目前正研究斯拉夫語，業已在俄語方面取得頗有用處之知識。

在波斯語、古波斯語及梵語方面，因研究比較語言學而粗通，對希伯來文和古敘利亞文之了解可閱讀舊約聖經及伯西托本（即古敘利亞文本）聖經；對亞拉姆語、哥普特語及腓尼基語則略遜一籌，僅及〈創世紀〉所載而已。

這個年輕人是後來編輯《牛津字典》（*OED*）的莫雷（James A. H. Murray）。

在十九世紀的英國，都有一個人可以做得這麼仔細，我們在二十一世紀，何況還有網路之助，在英文之外多學一種，應該不算過分吧。

王雲五說學習外語的方法

我小時候藉自修而讀書，在讀外國文名著時，認為某一章段有精讀而仿作的必要者，於熟讀數次以後，往往將該章段文字譯為中文，經過一星期左右，則就所譯中文重譯為英文，譯時絕不閱英文原文，譯畢始與原文比對，於文法有錯誤者固查照原文修正；於文法無誤而用字遣詞不如原文精鍊者亦參酌修正。

網路時代的雙重風險

文字應用的日益更盛，有可能隱藏著兩種風險。

今天，固然影像及聲音的多媒體經由網路而獲得新的生命，但是這一點也沒有表示文字的地位下跌，或因此而少受到重視。

在一個文字對應於其他感官的閱讀應該由上位而轉為平位的時代，人類卻從沒有像今天這般和文字的閱讀，以及創作，結合得如此密切過。

文字的閱讀，成了無所不在的事情：

在自己辦公桌的電腦上、在隨身的筆記型電腦上、在連線的電腦遊戲上、在手機的簡訊上、在其他行動載具上……

要讀各種網站、社群媒體、討論區、部落格、軟體的使用 help、訂閱的電子報、朋友來的信、要讀別人轉寄來的文章……

我們一面無時無刻不在閱讀，也一面無時無刻不在寫作。手機簡訊、記事、寫社群媒體、在網路上發表文章、公事來往的 email、私人書信的 email、forward 信件和訊息給朋友……
我們無時無刻不在回應各種訊息和知識，無時無刻不在寫作。

看來，文字和我們的關係，不要說是顛覆，連降低都難。

但是，文字這種日益更盛的應用現象，一不小心的話，反將給我們帶來兩種風險。

第一、我們可能難以認真思考網路時代裡，自己應該如何重新對待圖像、影像及聲音，這些過去在文字及書籍時代沒得到適當對待的新興媒體。

第二、因為我們時時刻刻都在快速而大量地使用文字，可能難以意識到文字是一種使用上應該略微收斂的媒體，反而在磨損這種媒體所應最受重視的特質——文字是單位面積裡濃縮意象最高的媒體，最需要謹慎以待。

於是，一方面，我們可能沒法好好迎接圖像、影像及聲音透過網路重新產生新價值的時代，無法善用這些多媒體來完整地表達自己、進行新型態的創作。

另一方面，我們可能又在粗魯地對待文字這種網路時代本應該更加精緻使用的媒體。所以，我們習慣於目睹電視、網路上四處氾濫的錯字、別字，也安於輕率地使用文字，無法善用它來完整地表達自己、進行新型態的創作。

而事實上，如同善於利用圖像、影像及聲音來表達、創作的人，可以藉由網路時代為自己打開種種機會的大門，今天善於使用文字的人，更可以在網路時代如魚得水，擁抱前所未有左右逢源的機會。

所以，不論是為了避免兩頭落空的風險，還是為了能真正創造插了雙翼的蓮花跑車，都需要我們在網路時代再從頭體會文字與紙本書籍的價值。

Part 4
跨越紙本書

思索了十三年的問題

我們到底為什麼還需要閱讀紙本書，尤其是以文字為主的紙本書？

很多人早就預言紙本書會消失，會被電子書取代，被網路閱讀取代。

我身為出版人，也很早被問起是否同意這種看法。

長期以來，我都回答不會。我相信紙本書有其獨特價值。

但是私底下，我還是不時要問自己：那你要怎麼描述這種獨特價值？

當網路上有許多打破文字和紙本書籍侷限的內容，有如此豐富影像、動畫、演講、社群學習的可能時，我們到底為什麼還需要閱讀紙本書，尤其是以文字為主的紙本書？

這個問題伴隨了我很久。一路上，我不斷地跟這個問題對話，但又都不覺得滿意。

有一度，我覺得紙本書的價值應該接近藝術品。去古書市場，這種感受特別深刻。許多上百年、幾百年前的書籍，以其特立獨行的字體、設計、印刷、裝幀的美學，穿越時空，展現在我們眼前，那種感動是令人戰慄的。

因此，我想：讓紙本書呈現這種美感、美學，足以為千百年後的讀者讚嘆、珍惜，就是紙本書獨特的價值。

在這個體認之下，我在 2012 年做了一件事，就是把珍藏於國家圖書館的焦尾本《註東坡先生詩》復刻出版，使其

八百年來第一次有了與大眾相見的機會。

這部焦尾本《註東坡先生詩》，有多重價值和傳奇。

首先，這部書出版於南宋年間，是當時的宋施元之、施宿父子以及顧禧三人，合力對蘇東坡詩做了註釋。由於是宋人註宋詩，趨近蘇東坡置身的時代氛圍，所以這些註釋除了對東坡詩有貼切的解讀之外，也折射出那個時代的歷史光影，保留了相當多的宋代史料，為學者所重視。

第二，宋版書本來就以字體書寫秀美、雕版精工、印刷美滿而稱珍品。焦尾本《註東坡先生詩》更是宋版書中的極品，把這些美學發揮得淋漓盡致，在版本學的研究上具有極高價值。

這部書由明、清兩朝的名流輾轉收藏，到乾隆年間大書法家翁方綱得到之後，更創造了佳話。翁方綱除了視為鎮宅之寶，還在每年農曆十二月十九日蘇東坡的生日，邀集好友一起紀念。大家焚香設宴之後，傳閱鑑賞，彼此吟詩題詞來歌詠讚嘆。因此焦尾本《註東坡先生詩》的書冊上，幾乎蓋滿名人印鑑，前後護頁上還有大家接力加上的精美書畫。這些歷代人附加的印鑑、點評、詩畫，共同烘托出這部書非凡的藝術價值。

第三，來說說「焦尾本」的價值。清朝末年，這部書歸袁思亮所有。有天藏書樓失火，袁思亮情急之下打算以身相殉，家人只得冒死從火中救出這部書。神奇的是，雖然許多書頁的版口都被火燒到，但是書的主體內文，和歷代的名人題記、印章等卻損傷輕微，如有神助。因此這一部逃出祝融之殃的《註東坡先生詩》就有了「焦尾本」之名。

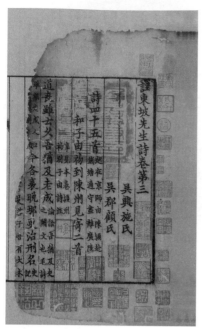

雖然這套《註東坡先生詩》許多書頁的版口都被火燒到，但是主體內文，和歷代的名人題記、印章等卻損傷輕微。（焦尾本《註東坡先生詩》／少蘊堂出版）

到了近代，焦尾本《註東坡先生詩》分散在海峽兩岸三處收藏。二十冊藏於我們的國家圖書館，一冊藏於對岸的北京圖書館，一冊爲對岸的私人藏書家韋力所收。

上海圖書館還另收有一部沒有這些名人題跋、詩畫，也沒經過火燒的《註東坡先生詩》。雖然也是宋版書的極品，但是因爲沒有這許多傳奇，所以沒法和焦尾本《註東坡先生詩》相提並論。

我因爲韋力先生的引介而得知這部書，想到這眞是呼應我對紙本書價值的信念，所以就在曾淑賢館長的玉成之下，復刻出版了國家圖書館和韋力所藏的共二十一冊焦尾本《註東坡先生詩》。

出版這部書，我有多重受益。最重要的，是更眞實地體認了紙本書的價值可以接近藝術品，也更深刻地相信紙本書呈現的美感、美學，足以爲千百年後讀者讚嘆、珍惜，就是其獨特的價值。

然而，這些體認並沒法回答我的另一個疑問：這個獨特的價值，足以支持我們在網路時代仍然需要閱讀紙本書，尤其是以文字爲主的紙本書嗎？

我覺得不會。藝術品總是陽春白雪，和一般社會大眾的距離比較遠。
要回答我另一個疑問，必須找出紙本書對一般大眾也具有的獨特價值。

因此我又繼續思索。
在思索了十三年之後，我終於找到了答案。

五百年前，活版印刷術在歐洲發展的過程

1545 年，古騰堡在德國開始活版印刷的時候，歐洲經歷了長達一千年的黑暗時期。羅馬帝國衰敗之後，烽火頻仍，文化殘破，教會成為保存書籍的最後一塊堡壘，然而，書籍的內容與形式也因而靜止不前——內容，是《聖經》與上帝的話語；形式，是精美的手抄文字加上聖像繪圖。相對於中國在這一千年之間經歷的唐宋兩朝的高度文明，知識與文化在歐洲都是停頓的。

在這樣一個困境中，活版印刷所打開的局面是震撼的——活版印刷書籍取代手抄本書籍，加快加大知識的傳播——之後的宗教改革、文藝復興，以及再後的工業革命，都莫不和這一波閱讀革命所引發的知識革命有關。

然而，即使是這樣一個必然且不可逆轉的進程，如果回歸到當時的環境，卻有段漫長的歷程。

活版印刷的書籍，不是一下子就淘汰手抄本書籍的。

早期印刷科技固然喚醒了大家對知識的需求，但是技術的本身還有種種缺點與限制。譬如，由於冶金技術的不成熟，一套字模只能印刷一百到三百份就要報銷。何況，字模印出來的字體難免粗糙，缺角斷線，於是，字體讀來秀麗舒適的手抄本書籍，不但沒有馬上遭到淘汰，反而借助於印刷書籍的興盛，最少還風行了一百年之後才沒落。

不僅如此。

早期印刷術的目的，只是為了節省手抄書籍的時間，換句話說，解決書籍出版的成本與時間問題。因此，字模、編排與版本設計也都主要摹仿手抄本書籍，談不上自己的設計與出版精神。印刷版的書籍真正要綻放自己的神韻與光彩，要到工業革命之後，配合種種其他科技與文化的發展才發生。

那，又是一百年後的事情了。

歷史書上幾個段落的文字，走過來的路程卻相當漫長。

當紙本書是一個黑夜

黑夜不是和少數人相關的藝術品,而是每個健康、
完整的人都不可或缺的必需品。

有一天晚上,我決定拿出一張紙,把網路閱讀與紙本閱讀
的特質分列兩邊,做個比較。

我列出的圖是像這樣的。

數位及網路的閱讀	紙本閱讀
多媒體	文字
具象	抽象
活潑	安靜
外擴	收斂
社交	孤獨
零碎	整體
多工	線性
動態	靜態
陽性	陰性
白晝	黑夜

我先列出了網路與數位閱讀的特質:多媒體、具象、活潑
、外擴、社交、零碎、多工、動態、陽性。

再列出紙本書相對應的特質:文字、抽象、安靜、收斂、
孤獨、整體、線性、靜態、陰性。

也就在整理、比較這兩排的特質和價值的時候，我突然在最底下發現，這兩列特質的總結，不就是白晝與夜晚的對比嗎？

所有網路閱讀的特質，可以比喻為白晝；所有紙本書閱讀的特質，可以比喻為黑夜。

而一旦把紙本書的獨特價值和黑夜相連接，所有問題的答案就都跳出來了。

人類從來都是需要代表夜晚和白晝的閱讀並存，也就是書和書以外的閱讀並存。

中文裡說的「讀萬卷書，走萬里路」，英文裡說的「Read the Word, Read the World」，講的都是閱讀這件事，需要倚靠書，也需要倚靠書以外對世界的理解。

但過去，就像電燈還沒進入人類生活之前，我們白晝與夜晚的時間大致相當，網路還沒出現之前，我們從書及書以外的生活裡吸取知識的時間也大致相當。

但是就像電燈發明之後，我們使用夜晚的習慣、方法、時間大受改變，網路出現之後，隨著我們可以透過網路來閱讀世界的機會擴大，我們使用紙本書的習慣、方法與時間也產生劇變，隨之縮小。

尤其，等到行動載具、智慧型手機流行之後，大家都在忙著當低頭族。我們隨時隨地在收發訊息、資料、知識，從某個方面來說，也形同隨時隨地在閱讀書本以外的世界。所以很多人都認為紙本書會走上沒落之路。

然而，把紙本書的閱讀價值和黑夜相連接之後，我覺得終

於可以安心了。

就像人類有了電燈之後可以延長白晝的時間，可以連著熬好幾夜，但畢竟最後還是得需要黑夜，我們對紙本書的需求也是。

不論我們可以從網路、手機上得到多少訊息、知識、多媒體的閱讀樂趣、協力共享的學習，最後還是有一個打開紙本書的需求。

人，沒有夜晚，是會生病的。我們沒有紙本書的閱讀，也會如此。不論從心理或生理上來說，都如此。

黑夜不是和少數人相關的藝術品，而是每個人都不可或缺的必需品。

一個會使用、享受夜晚的人，才是健康的人，完整的人。
一個會使用、享受紙本書的人，才是健康的人，完整的人。

我們要懂得善用影像、動畫、聲音的力量，也要懂得善用文字的力量。

今天我們要理解世界、理解任何知識，固然有太多文字以外其他便利的可能，但是任何影像、動畫、聲音又怎能替代下面這一首詩，短短的四十個字？

好雨知時節，當春乃發生。
隨風潛入夜，潤物細無聲。
野徑雲俱黑，江船火獨明。
曉看紅濕處，花重錦官城。
——杜甫〈春夜喜雨〉

事實上，就在網路把過去長期受文字壓制的影像、動畫、聲音的力量解放的同時，網路也把我們對使用文字的需求抬上了前所未有的高峰。

無時無刻，我們不是在使用文字來表達自己，與別人溝通。簡訊、臉書、電郵。每個人對使用文字的需求都在提高。

正因為大家都在如此頻繁地使用文字，每個人都應該注意文字的品味。使用文字的講究，不再只是一些特別的文字工作者才要關注的事。而是每個人。

而紙本書，正是讓我們最能學習、也體會文字力量的一種媒介。上面杜甫那一首詩，印在紙本書上，和呈現在電子書上，會有截然不同的氣場。我們閱讀的感受，也截然不同。

這就是紙本書對社會裡每一個人都具備的意義。不論那個社會多麼網路化、數位化。

前幾年我在紐約經常去參訪一些小學。

印象最深的，就是在這些小學上網很不方便。不要說取得學校網路密碼總是困難重重，連自己的手機也常有被屏蔽之感。後來發現，他們就是怕小學生在學校隨意上網，覺得要先把他們離線的教育做好。

美國是網路和 iPad 等的發源地，但是他們卻如此重視讓小孩先把紙本書的閱讀打好基礎。用夜晚的比喻來說，就是他們知道：出了校門，外頭到處都是白晝，根本不必擔心孩子是否適應，所以在校園之內，反而重點是如何讓孩子從小先習慣、學會對夜晚的使用。

與人邂逅的詩

最有力的文章，也只是用繩索固定在地面的熱氣球，無法離地而飛。而詩，則不然。

我在文中提到的那一首詩是〈Could Have〉，出自 *View with a Grain of Sand: Selected Poems*。
（Wisława Szymborska／Harvest Books）

有一年夏天，在紐約一家書店，我買了許多工作上需要的書以後，隨手從書架拿下一個聽過、但是沒讀過的詩人的書。打開的那一頁，詩的句子是這麼躍動著的：

It could have happened.
It had to happen.
It happened sooner. Later.
Nearer. Farther.
It happened not to you.

You survived because you were the first.
You survived because you were the last.
Because you were alone. Because of people.
Because you turned left. Because you turned right.
Because rain fell. Because a shadow fell.
Because sunny weather prevailed.
...

我跟著音節讀著，心跳也跟著難以言述地躍動著，從此愛上了辛波絲卡。

詩和哲學，是兩個說來很有意思的閱讀門類。

哲學，思考人生與宇宙的究竟，是人類很早就會做的事情。

130

詩，和歌一樣，抒發熱情，也是人類最早就會做的事情。

卻偏偏不知為什麼，兩者後來都被拱上了殿堂，甚至廟堂，遠離了我們。

但不論從哪個理由來看，這兩種閱讀都是不能錯過的。

不談那麼遠吧，給我一個讀詩的理由。你也許會說。

我說，可以給你兩個。

世界總是往外沿擴展了太長的時間，應該是換一個方向，內縮凝聚的時候。

毛姆談詩

但是詩集也是「爛好書」出沒很多的地方，所以要多注意。毛姆有段文字，可以當作參考：

除非真正偉大的詩篇，否則，無論寫得多麼美妙，我總覺得它不值得一讀，我寧可去看一份報紙。

念詩的時候，我得有某種情緒，還需要合適的環境。夏天的傍晚，我喜歡在花園裡讀詩。有時候，坐在海邊的峭壁上，躺在長滿苔蘚的林中坡地上，我也會手捧一卷詩集。

我可不願意去大海撈針，為了覓得幾首好詩而遍讀大量平庸之作。我喜歡讀選集。

我不願意以一個批評家的態度來讀詩，我只需要當一個普通的讀者，惠特曼把詩歌帶回給群眾。他告訴我們，詩歌不一定非要到月光，廢墟，以及患相思病的少女的悲吟中去尋找。

另外，你不覺得這個世界什麼都有，就是沒有韻律與節奏？
何況，讀詩又真是不需要理由的。理由，比不過感覺的。

那個夏天下午，在那家書店書架下幾乎可以聽見自己心跳
的感覺，就讓我讀起多年沒讀的詩來。

查字典，查百科全書，在「Poetry 詩」的條目下，很容易
會看到類似這樣的解釋：「almost impossible to define」（
幾乎無從定義）。

看過一篇文章，說是最有力的文章（Prose），也只是用
繩索固定在地面的熱氣球，永遠無法離地而飛。而詩，
則不然。
我相信這種說法。

那什麼才是讀詩的時候？

有人說，詩是最令人心力交瘁的（英國小說家阿諾德·
貝內特〔Arnold Bennett〕之語）。顯然不打起精神來細
讀，是讀不下去的。

有人說，要排解一日的疲勞，讓自己休閒，就該讀詩（魯
迅之語）。顯然詩是你休閒或需要休閒之時才讀的。

我支持魯迅的說法。

因為小說是需要赴約的，而詩是與你邂逅的。

有一年 3 月去故宮看北宋詩畫「大觀」展，遇上米芾的〈
吳江舟中作〉，看到最後兩句：「萬事須乘時，汝來一
何晚。」在擁擠的人堆裡，驀然有泫然欲泣之感。

我們和詩，總會不期而遇，總不免「汝來一何晚」之嘆。

讀詩吧，就從你書架上一定有的那本唐人詩選，或宋人詞選，隨手拿下來開始。

文字是單位面積裡濃縮意象最高的媒體，詩就是單位字數裡濃縮意象最高的文字。不讀詩，讀什麼？

《詩戀Pi》的封面，是米蘭‧昆德拉送給我的手繪圖。（Net and Books 出版）

爲什麼要讀哲學

讀哲學的理由和方向，有兩個。

詩、小說，是感性的事。從感性越界到理性，最好的切入點就是哲學。

人沒有不思考的，哲學，則是追求一層比一層更深的理性思考，思考的極致。因此，如果想要透過閱讀，能夠幫助理性思考，沒有比哲學更適合的了。

由於哲學和詩一樣，是被廟堂化的代表，高高在上，所以很容易令一個普通讀者望之卻步。事實上，一個普通讀者，找到一本他需要的哲學書，一點也不難。因為判斷的標準很明白：讀了這個題目的這一本哲學書，是否能夠幫助他在這個題目上思考得更清楚。幫助我們思考得清楚，是哲學存在的目的。沒法幫我們思考清楚的哲學書，是不需要的。

哲學是幫我們思考清楚的。沒法幫我們思考清楚的哲學書，不看也罷。

讀哲學書，我覺得有兩個理由，也可以說兩個方向。

第一，是把哲學當成一種閱讀與思考的終極來看。
第二，是把哲學當成一種閱讀與思考的基礎來看。

先說終極的部份。

因爲哲學家在挑戰的，不只是思考得更清楚，而是追求思考的極致，思考出人生或宇宙的終極真理，所以，我們想找一本哲學書來讀的時候，也可以有決心只找出「那一本」有這種意義的書。

對我自己來說，笛卡兒的《談談方法》，也就是人人上口的「我思故我在」那句話出處的書，就是這樣一個例子。

笛卡兒自述早年進的是歐洲最著名的學校，並且「以爲讀書可以得到明白可靠的知識，懂得一切有益人生的道理，所以我如飢似渴地學習」。

但是他畢業後卻看法大變，「發現自己陷於疑惑和謬誤的重重包圍」，因此做了這樣的決定：

「除了那種可以在心裡或者在世界這本大書裡找到的學問之外，不再研究別的學問。於是趁年紀還輕的時候就去遊歷……」

然而，這一段考察各地風俗人情的經歷（其間他甚至參與過一場戰爭），除了讓他大開眼界之外，仍然無助於讓他發現過去在書本所沒有發現的真理。於是他下定決心：
「同時也研究我自己，集中精力來選擇我應當遵循的道路。這樣做，我覺得取得的成就比不出家門、不離書本大多了。」
而後，他就把自己的心得整理爲《談談方法》（以上摘文出自北京商務印書館譯本）。

《談談方法》的原書名是《談談正確運用自己的理性在各

每個閱讀的人都該讀《談談方法》。這本書告訴我們少讀書或不讀書也能追求智慧的方法，但也告訴我們閱讀的終極方法。（北京商務印書館出版）

門學問裡尋求眞理的方法》，由於太長，所以簡稱爲《談談方法》。

笛卡兒的原意，認爲他談的方法是可以爲每一個人所用的，並且不想讓人覺得深奧難解、板起臉來說教，因此他堅持稱之爲「談談」，而不說是「論」，只可惜今天大家仍然習稱爲「方法論」，而忘了笛卡兒的本意。

笛卡兒認爲，所謂的「智慧」，「指的並不只是處事審慎，而是精通人能知道的一切事情，以處理生活、保持健康和發明各種技藝」，而「這種知識要能夠做到這樣，必須是從一些根本原因推出來的……也就是本原」（出自另一本著作《哲學原理》的法文版譯本序文）。

而他在摸索，思考這個「本原」的時候，用的就是他所說的：「任何一種看法，只要我能夠想像到有一點可疑之處，就應該把它當作絕對虛假的拋掉」，因此，思考最重要的是「懷疑」。所以，「我思故我在」裡的「思」，不是別的，是「懷疑」。

因此，笛卡兒談了談他的四個方法，原話就清楚明白，眞的是「談談」：

第一條是：凡是我沒有明確地認識到的東西，我絕不把它當成眞的接受。

第二條是：把我所審查的每一個難題按照可能和必要的程度分成若干部份，以便一一妥爲解決（英文譯本中則強調切分的「部份」越多越好）。

第三條是：按次序進行我的思考，從最簡單、最容易

認識的對象開始，一點一點逐步上升，直到認識最複雜的對象；就連那些本來沒有先後關係的東西，也給它們設定一個次序。

最後一條是：在任何情況之下，都要盡量全面地考察，盡量普遍地複查，做到確信毫無遺漏。

由於這是一個很顛覆的過程，也可能很漫長的過程，就像打掉舊屋要重建，新屋沒建起來的時候，需要有一個暫時的居處。因此他爲了「受到理性的驅使，在判斷上持猶疑態度的時候，爲了不至於在行動上猶疑不決，爲了今後還能十分幸運地活著」，給自己定了一套臨時的行爲規範。這幾條行爲準則，歸納整理起來是這樣的：

一、遵從這個社會及法律的規定。在所有的意見中，採取最遠離極端、最中道之見，來約束自己。

二、在不明白自己的選擇是否正確時，要跟從或然率。看不出或然率大小比較的時候，還是要做一抉擇。一旦抉擇，就不再以爲它們可疑，而相信那是最可靠、最正確的看法，果斷堅決，不再猶豫，反覆無常。就像密林中迷路的人，總要前行，不能停留在原地。

三、永遠只求克服自己，而不求克服命運。只求改變自己的願望，而不求改變世間的秩序。要始終相信一點，除了我們自己的思想，沒有一樣事情我們可以自主。盡自己最大的努力去改善。改善不了的，就是不可能的。不可能的事，就不要去痴心妄想。這樣也就可以安分守己，心滿意足。

笛卡兒的《談談方法》的重點就是如此。

「憑著這種方法，我覺得有辦法使我的知識逐步增長，一步一步提高到我的平庸才智和短暫生命所能容許達到的最高水平。」笛卡兒說。

對我自己來說，《談談方法》所說的這些重點，是所有閱讀和思考上的終極方法。

並且由於這些終極方法是講得如此簡單清澈，所以我記得自己是一面泡在浴缸裡一面讀完了這本書。

哲學也可以當成一種閱讀與思考的基礎來看。哲學之顯得複雜，可歸之為人生與宇宙的課題很多，每個哲學家所思考的角度又不止一端，這麼多課題的這麼多思考交纏在一起，對很多人來說都像是一團無從整理的毛線團。

所以，把哲學當成閱讀的基礎來看，就是學習觀察不同的哲學家對不同的課題，進行怎麼樣的思考，然後歸納出線索。

建立這種基礎並歸納線索的重點，我整理了六個：

一、先找一個自己感興趣的主題；

二、就這個主題發表過言論的哲學家裡，找出一個最感興趣的人；

三、這位哲學家的著作可能很多，但是不要管其他的，只讀他主要談這個主題的那本書；

四、先把全書讀完第一遍。碰到讀不懂的地方，不要停止不讀，也不要停在那裡和讀不懂的地方苦苦糾纏，就是要

連滾帶爬地先把第一遍讀完。讀完第一遍,再使用一些不同的方法來進一步閱讀這本書(這些方法請參考本書〈怎樣閱讀一本書:陶淵明、諸葛亮、朱熹和蘇東坡的方法〉一篇);

五、知道他怎麼思考、面對這個主題之後,看看影響他如此思考的前人有誰,他所影響的後人有誰(影響包括「贊成」與「反對」);

六、於是沿著這個主題,設法把這一條線的前後脈絡整理清楚。

譬如說,你對「愛情」這個主題感興趣。這是第一步。

接著,你想到「柏拉圖式的愛情」是個大家常掛在嘴上的。於是想看看柏拉圖是怎麼談愛情的。

第三、柏拉圖的著作很多,他探討的主題有政治、教育、靈魂、愛情、文學、藝術,不一而足。但是你可以不那麼困難,就查得到柏拉圖的著作裡,有一本《會飲篇》是集中談愛情的。所以你不要讀他的《理想國》,不要讀別的,就只讀這一本。

第四、《會飲篇》裡有許多人談愛情,有人講得生動有趣,有人也許沒那麼輕鬆,但是只要你讀過了全書,聽了蘇格拉底的發言,就會知道這才是全書的重點。

第五、讀了這本書,你就知道柏拉圖怎麼把愛情一路昇華,解釋為追求宇宙至善至美的一個過程。於是你回頭看他之前的古希臘時代怎麼解釋愛情,知道有「埃洛斯」(Eros)的說法,是宇宙的結合或分離的原動力。你又往

這本書裡有完整的《會飲篇》。朱光潛的譯筆,令人讀來如沐春風。(Net and Books 出版)

柏拉圖的身後看，於是知道亞里士多德把愛情解釋為友愛的一種。

第六、你繼續整理脈絡，接著知道中世紀基督教文明把愛解釋為神愛；文藝復興之後回歸為人間的愛；清教徒和維多利亞時代解釋為保守的愛；到了尼采，喊出人要擺脫神的桎梏，從一切犧牲、義務中解放出來，「愛是一切價值的掠奪者」；到了靄理士和佛洛伊德，愛與性的關係被說明得完整了。

這樣，你就把愛情的哲學，和接下來進入二十世紀後一些比較通俗的議題連接起來了。你會注意到勞倫斯（D.H. Lawrence）主張「愛因為被理想化，成為精神和意識的課題，所以愛就失去了平衡，達到一種混沌。而我們在現代必須認真考慮肉體或肉欲獨立的性愛」。又再接下來，有金賽性學報告與 G 點的發現，又有 60 年代的性解放運動，又有再其後的同性戀正常化。

有些哲學家在挑戰的是，思考出人生或宇宙的終極真理，所以，我們可以有決心只找出「那一本」有這種意義的書。並且，是可以找到的。

「愛」，從哲學上的意義到生活上的作用，這就會有一條脈絡，呈現在我們眼前。而我們從閱讀不同哲學家的不同著作的過程中，體會到他們的思考方向和方法，也就對包括歷史、文化等種種背景有所認識。

所以說，這樣閱讀哲學，可以當作閱讀與思考的基礎。

我不把科學列爲閱讀的基礎工程，是因爲科學是從哲學裡
分家出去的，分家不過是五百年左右的事。還有，科學，
透過多媒體來敘述清楚的可能，越來越大了。

小說是三十萬字寫三十字

進入小說的世界，需要三把鑰匙。

有一天我在家裡整理書架，本來只是要把一些覺得灰塵積得多了些的地方清理一下，但是隨手拿起《天龍八部》中的一本，不小心翻到一個地方，這下子就停不住了。

於是我就靠在書架底下，抹布扔在一旁，把多年前看過的金庸這部小說，又讀了一個段落。是段譽、王語嫣兩人先跌進爛泥枯井，真情流露，接著慕容復和鳩摩智兩人也跟著掉進去的那一段。

段譽許久思慕，終於得到佳人回應，讀得固然開心，但是更多的心思卻是在鳩摩智身上。這位吐蕃國的第一高僧，絕頂聰明，少林寺七十二絕技，別人頂多習其三四，他卻不但全部偷學，還加上了一部〈易筋經〉，結果導致走火入魔。鳩摩智跌入井底之後，內息鼓漲欲炸而不得宣泄之下，掐住段譽咽喉，卻把畢生內功都傾瀉進段譽體內。
接著，小說這麼寫道：

鳩摩智半晌不語，又暗一運氣，確知數十年的艱辛修為已然廢於一旦。他原是個大智大慧之人，佛學修為亦是十分睿深，只因練了武功，好勝之心日盛，向佛之心日淡，至有今日之事。他坐在污泥之中，猛地省起：「如來教導佛子，第一是要去貪、去愛、去取、去纏，方有解脫之望。我卻無一能去，名韁利鎖，將我緊緊繫住。今日武功盡失，焉知不是釋尊點化，叫我改邪歸正，得以清淨解脫？」他回顧數十年來的所

作所為，額頭汗水涔涔而下，又是慚愧，又是傷心……這一來，鳩摩智大徹大悟，終於真正成了一代高僧，此後廣譯天竺佛家經論而為藏文，弘揚佛法，渡人無數。其後天竺佛教衰微，經律論三藏俱散失湮滅，在西藏卻仍保全甚多，其間鳩摩智實有大功。

也許是因為當時我也略涉佛法，所以這一段看得特別有感觸，直想練武不免好勝，學佛則要去除勝負之心，這兩點真是衝突。作者安排這麼一個段落，讓一和尚得以悟道，真是高明。

也因為感嘆，所以又把書倒翻回去看看前面的情節。

只是這麼一看，才發現我的感慨，早已由一位掃地僧講出了作者想表達的意思。蕭峰父子及慕容復父子，加上鳩摩智等一夥人在少林寺藏經閣冤家相逢，相持不下之際，一位真人不露相的掃地老僧早已清楚地點撥了鳩摩智：

「須知佛法在求渡世，武功在求殺生，兩者背道而馳，相互剋制。只有佛法越高，慈悲之念越盛，武功絕技才能練得越多，但修為上到了如此境界的高僧，卻又不屑去多學各種屬害的殺人法門了。」

那一天最大的收穫，在於體會了「小說」（fiction）和「非小說」（non-fiction）的差別。

用「非小說」來講鳩摩智的體悟，簡短地說，可以是這樣的：「如來教導佛子，第一是要去貪、去愛、去取、去纏，方有解脫之望。」

這一句三十字以內的話就夠了。稍微說長一點，用少林寺裡旁觀者清的那位掃地僧說的八十來個字也夠了。

而小說，卻要耗費數十萬字，塑造眾多人物，鋪陳數十年的恩怨情仇，才在不經意中點出這個道理。

所以，精彩的非小說，是以三十個字，來歸納數十萬字故事的道理。

精彩的小說，是以數十萬字的故事，來講三十個字的道理——甚至，不講什麼道理。

讀三十個字的道理，好處是清楚、明白、直接。壞處是，你得來輕鬆，很容易會不當一回事。

讀數十萬字小說的故事，壞處是別人的故事可能說得太生動了，光是情節就讓你目眩神迷。好處是，多年後偶一駐足，炫目的情節中，別有風光。

我總覺得一個人應該讀小說（fiction），是因為小說是一個虛構的世界。而你進入虛構世界，需要三把鑰匙：

一、使用自己時間的自信與餘裕——否則你為什麼寧願讀幾十萬字而不是三十個字來體會一個道理？

二、想像力——小說的作者是啟動他的想像力而創作出來的。讀者的想像啟動得越大，越能體會，越不浪費作者為他展開的一切。

三、同情心——小說是人物的故事。讀一部小說，就是認識小說裡的那些人物。你沒有同情之心，沒法進入那些人物的內心世界。

一方面，小說需要你用這三把鑰匙才能進入。另一方面，小說也會給你鍛造這三把鑰匙的機會。

好看的小說，是看人物——你沒接觸過的人物，或者，你熟悉的人物，但有陌生的變形。

所以，你要準備進入情緒的震盪。

好看的小說，第一句話，第一頁就告訴你這是一部好看的
小說。
所以，文字是有魅力的。

好看的小說，又不是真要告訴你什麼道理。小說要說的話
，總是意在言外。
所以，閱讀的你，最好也有些人生經歷。有些文字魅力，
在一個有些經歷的讀者眼中，會轉化為魔力。

我也很喜歡古龍，特別是《蕭十一郎》。不知道今天重看又是什麼
感受。

《紅樓夢》第一百零五回開場，賈政正在家裡設宴請酒，
忽然下人來報，說是有一個錦衣府的堂官趙老爺，自稱與
賈府至好，不等通報就帶領好幾個手下走進來。賈政等人
還沒會過意來，人家已經登堂入室了。

賈政等搶步接去，只見趙堂官滿臉笑容，並不說什麼
，一徑走上廳來。後面跟著五六位司官，也有認得的
，也有不認得的，但是總不答話。
賈政等心裡不得主意，只得跟了上來讓坐。
眾親友也有認得趙堂官的，見他仰著臉不大理人，只
拉著賈政的手，笑著說了幾句寒溫的話。眾人看見來
頭不好，也有躲進裡間屋裡的，也有垂手侍立的。賈
政正要帶笑敘話，只見家人慌張報道：「西平王爺到
了。」
賈政慌忙去接，已見王爺進來。趙堂官搶上去請了安
，便說：「王爺已到，隨來各位老爺就該帶領府役把
守前後門。」眾官應了出去。賈政等知事不好，連忙
跪接……那些親友聽見，就一溜煙如飛的出去了。獨

總可以一讀再讀的書。
（聯經出版）

有賈赦賈政一干人唬得面如土色，滿身發顫。不多一回，只見進來無數番役，各門把守。本宅上下人等，一步不能亂走。

趙堂官便轉過一副臉來回王爺道：「請爺宣旨意，就好動手。」

《紅樓夢》我少年時期讀過不只一次。但這一段錦衣軍抄賈府的場面，在我四十多歲後的有一天，偶然跳進了我的眼底。

那位開始滿臉笑容、後來「轉過一副臉來」的趙堂官，活生生地站在我眼前。我看得到他剛才微笑的唇角，也看得到他轉過來之後，書裡面並沒有說是哪一副臉的那一副臉。因為我在幾年前，也遭遇過一個場面，也有一個人笑容可掬地走進我的辦公室，後來也以同樣的速度轉過一副臉來看看我。

讀《紅樓夢》這種小說，就是你必須經歷了自己的滄桑之後，才能看到年輕時候的你所沒能看到的層次。你這才為這部作品折服。

所以說，閱讀小說需要你花的時間，遠不只看過那幾十萬字的時間。

在過去的中國文化裡，四書五經以外的書，包括農醫之事的著作都是「小說」。因而 fiction 被譯為「小說」之後，加上古代的科舉觀念假現代的文憑主義進入學校教育後，「小說」始終背負著不必要的罪名──尤其在做師長的眼裡。

過去，我覺得倒也罷了。

但是到網路已經這麼蓬勃發展的今天，仍然有這種情況，感觸就很深。

小說被污名化之後，有兩個不利的影響。一個，是像前面

146

說的那個兒子因讀小說被責而跳樓的悲劇，不必要地上演。第二個，是我們沒有機會讓一個讀者享受他應有的小說之路。

契訶夫說過一句話，大約是這個意思：小說的創作裡，所謂高下的層次，像是軍旅裡的元帥與步兵。元帥與步兵，各有各的作用。

我同意他的說法。

一本列入經典文學的小說，和一本通俗小說（commercial novel）或是類型小說，各有各的作用。

《小說稗類》。（Net and Books 出版）

張大春的《小說稗類》

至於怎麼練習讀精彩的小說？我的建議是去讀張大春的《小說稗類》。

一個小說家回到他讀者的身分，用最輕柔的腳步，帶我們穿過「一片非常輕盈的迷惑」，導遊不同小說所形成的各種不同世界，對任何一個正在讀小說的人來說，都是不能錯過的。

小說愛好者倘若不以小說為餘興娛樂，不把小說當作是人生青澀階段誤打誤撞、錯織錯就的夢想，不將小說看成是晉身文化場域博名獲利以便冠「小說家」之名奠定其社會地位的工具，那麼終將有一天，他勢必要面對這樣一個問題：小說在人類文明發展上曾經產生過何等何樣的影響？這個問題的另一層是：我所愛好的（無論是閱讀過的或者創作過的）小說又在小說史上產生過何等何樣的影響？

終將有一天，小說愛好者會和這樣一個巨大的、紛陳的、複雜的、繁瑣的甚至看似零落錯亂的體系碰面。

張大春用這段話，帶出他這本書想和讀者分享的是什麼。

所以，對小說，我們第一個心理準備應該是，不用擔心讀的小說低不低級的問題。只要給小說時間，讀起小說，我們會逐漸知道什麼小說是好看的。

然而，同樣重要的是第二個心理準備：要讀到好的小說，是要會讀小說的。小說的閱讀，是需要練習的。

「閱讀小說並不如一般人所想像的那麼簡單，而是一門困難而複雜的藝術，你不僅要有能力去體會作家非凡的技巧，更必須具有豐富的想像力，才能進入藝術家為你所創造的境界，領悟到更多的東西。」吳爾芙說過。

在網路時代，我們使用文字容易方便、大意而輕率的時代，讓我們對文字的注意，還是從好好閱讀精彩的小說開始吧。

多麼希望她手上拿的是小說

1997 年 10 月，我去香港出席一個會，坐一大早的班機。

登機後不久，我注意到隔著走道，左前方位置的一位女郎。

她幾乎是從入座之後，就開始拿出一本書，非常專注地讀了起來。並且不久就拿出一個筆記本，邊讀邊做筆記。

看到這麼一位專心的讀者，我就好奇起來，想要知道到底是什麼書，吸引她到如此地步。

空中小姐來送早餐，她頭都沒抬地回絕了。

機窗外，陽光照進來。女郎穿著一身墨綠的無袖洋裝，外罩一件鏤空的白色披肩，側影十分秀麗。

而我，等待了好一陣子，好不容易才有個機會偷瞄到書的封面，揭開了謎底。是當時一本極為暢銷、談如何成功的書。

一直到抵達香港，飛機在跑道上滑行至機艙門打開之前，她都沒有停止專心的閱讀。所以她不知道有一個人一路如此窺探她，也不會知道那個人曾經為她手上的書偷換了幾十種想像，甚至懊惱起來，為自己曾經出版過那麼多類似成功主題的書籍而感到罪過。

我多麼希望她手上拿的是一本小說。任何小說都好。

在機場，看到西方人，不論男女，手上總會帶一本小說。諜戰的，推理的，驚悚的，愛情的，厚的，薄的。

台灣人，帶上飛機的卻經常是非小說——從薄薄的人生勵志書，到厚厚上下兩巨冊的企業管理書，都有人帶上飛機。

這些書沒有什麼不好，只是你不能不懷疑起一件事：連飛行這麼顛簸的旅程，你都不捨得不努力上進，那什麼時候才有空讀小說呢？

我把當時的心情寫在一張餐巾紙，遞給前座的同事。事後我收了起來，可惜找不到了。

換個角度讀歷史的時候

歷史書，是「小說」、「詩」、「哲學」的綜合體
——但，要是好的歷史書。

以前上中學的歷史課，讀項羽這個人，雖然說是霸王，但
課本上的描述卻感受不到。印象深刻的，倒是十面埋伏之
下，項羽唱起「虞兮虞兮奈若何」的〈垓下歌〉。這些情
節比較兒女情長，英雄氣短，沒法讓我和項羽「力拔山兮
氣蓋世」的形象聯想到一起。

一直到有一天我讀《資治通鑑》，看到一段場面。

這一段寫的是，項羽趁著黑夜，騎著寶馬，帶了八百多人
突圍而出，往南疾走。而包圍的漢軍，到天亮才發覺，派
了五千騎兵追趕。

項羽過了淮河之後，跟隨的人只剩一百多人，偏偏中途迷路
，向一個農夫問路又被騙，結果走錯方向，被漢軍追上。
項羽再往東走，只剩二十八人跟著他，而追上來的漢軍有
幾千人。
看情況，項羽覺得難以脫身，就向二十八名跟騎而來的人
說了這樣的話：
「吾起兵至今，八歲矣；身七十餘戰，未嘗敗北，遂霸
有天下。然今卒困於此，此天之亡我，非戰之罪也！今
日固決死，願為諸君快戰，必潰圍，斬將，刈旗，三勝
之，令諸君知天亡我，非戰之罪也。」

在幾千名漢軍把他們圍了一圈又一圈中，項羽把二十八
人分了四隊。然後就照他剛才所說的，指東斬東，指西
殺西，再三突圍，要斬漢軍哪名將領就斬誰，殺了上百

人之後，自己的二十八人只犧牲了兩個人。

乃謂其騎曰：「何如？」騎皆伏曰：「如大王言！」

接下來，則是我們比較熟悉的場面，項羽來到了烏江旁。
烏江亭長對項羽說：只有他有船，漢軍人再多，也過不了
江，請項羽趕快上船，勸他：「江東雖小，地方千里，
眾數十萬人，亦足王也。」

但項羽笑了起來，說他帶了江東八千子弟渡江而來打天下
，現在只剩他一個人回去，就算江東父兄憐惜他，仍然尊
他為王，他自己怎麼好意思。

於是項羽把他的寶馬送了烏江亭長，自己下馬，也要所有
的部下都下馬，步行短兵作戰。這樣，項羽又殺了漢軍好
幾百人，只是自己也被砍傷十幾個地方。
接著，他在漢軍中看到一個認識的人，就說漢軍為他的腦
袋懸了重賞，那現在乾脆送你個人情吧，就自刎而死。
項羽的頭先被人拿走後，其他的漢軍為了爭搶他的屍體相
殺，死了幾十人，另外四個人各拿到他一塊。最後，這五
個人都被劉邦封侯。

司馬光在《資治通鑑》裡編輯、改寫過的這段文字，典出
《史記》裡的〈項羽本紀〉。《史記》、《資治通鑑》都
是大家耳熟能詳的書名，但不是每個人都從這些書裡看到
這些精彩的場面。

二十八人被數千人團團圍住，項羽卻可以像郊獵一般，要
打哪裡就打哪裡，三進三出如入無人之境。兩千年前西楚
霸王的氣概，透紙而出，震懾人心。
不但是可以真正體會「不以成敗論英雄」這句話，還有太
多感觸，以及想像。

項羽在垓下突圍而出的時候，虞姬呢？

那個故意指錯路的農夫，到底是為什麼呢？

「今日固決死，願為諸君快戰，必潰圍，斬將，刈旗，三勝之」，看著幾千人，這是什麼樣的豪氣和信心？

項羽聽了烏江亭長的話，笑了起來，那是什麼樣的笑容？

他把寶馬送了人，徒步作戰，殺幾百人自己身上也受傷十多處，那是什麼情景？

項羽自己身首異處，分了五塊，那最後跟他一起下馬的那二十六人呢？

我們對歷史的胃口，都被學校的教科書、參考書給破壞了。那麼多事件、年代，讓學生死背硬啃下來，誰要再談歷史都要色變。

但歷史書並不是這樣的。一部精彩的歷史書，必然有以下的特點：`
一、情節敘述逼真迫人。
二、用字精微，令人擊節讚嘆。
三、闔上書籍，那些人物不會就此消失，反而，會跟著他們的故事進入我們的心底深處，不時會與我們或悵然、或欣然地對望一眼。

所以，一部精彩的歷史書，是「小說」、是「詩」，同時，由於「對歷史的透視能夠使我們更清楚地看出，什麼事件和哪種活動有著永久的重要性」（羅素語），所以，歷史其實又是「哲學」。

西方歷史，還是從《希羅多德歷史》讀起。（譯者：王以鑄／臺灣商務印書館出版）

152

北京中華書局版本的《資治通鑑》和《二十五史》，同樣的這些字透過一個版本精美的紙本書來呈現，閱讀起來是完全不同的魅力。

我們怎麼能不讀歷史？

又怎麼能不好奇，如果學校的歷史課本，能夠換成由學生好好地閱讀《資治通鑑》這麼精彩的段落，而不是那些生硬的數據與名字，又會是個什麼局面？

順便談一下吧。今天在網路上也可以找到《資治通鑑》的這段文字。只是同樣的這些字透過一個版本精美的紙本書來呈現，我覺得閱讀起來是完全不同的魅力。

紙本書的氣場，才能把項羽的霸王氣概渲染開來。不信你可以試一試。

圖像與漫畫的作用

有時候，最好的方法不是閱讀文字而是圖像閱讀。

有一次，一位漫畫家跟我感嘆：他們畫漫畫的多麼辛苦啊，要畫一個戰爭場面，一筆一筆地刻畫。畫人物，畫戰馬，畫塵土飛揚，畫了老半天，不如寫文字的人，用「千軍萬馬」四個字就解決了。

他說的，是文字的拿手之處。

但是，文字也有不足處。

前面說過，笛卡兒的《談談方法》是一本深刻啓發人思考的書。但是在這樣一本可以說字字珠璣的書裡，有一個章節是可以跳過去不看的。因為笛卡兒用大量的文字來解釋心臟是如何運作的，但是讀起來十分複雜：

「先看右邊的一個，有兩根粗管子連在上面，一根是腔靜脈，這是主要的貯血器，好像樹幹，體內其他靜脈都是它的分支；另一根是動靜脈，這個名字取得不好，因為它實際上是一根動脈，以心臟為出發點，然後形成許多分支，布滿兩肺。再看左邊一個心腔，也同樣有兩根管子連著，跟上面說的兩根同樣粗，或者更粗，一根是靜動脈，這個名字也取得不好，因為它只是一根靜脈，來自兩肺，在肺裡有許多分支，跟動靜脈的分支交織在一起，又跟氣管的分支交織在一起，空氣是通過氣管吸進來的；另外一根管子是大動脈，從心臟通出去，把分支通到全身各處。」

這還只是其中的一小段。

對於這一點，做了大量筆記，筆記裡喜歡圖文並茂的達文西，說的是對的：「想用文字把這顆心臟描述得清楚，除非花上整本書的篇幅，否則怎麼可能？」

所以，達文西認為，要理解人體的結構，最好的方法不是閱讀文字而是圖像閱讀，因為「你把它描寫得越細緻，就會把聽者的思想搞得越糊塗」。

達文西說的，正是圖像的拿手之處。

對於不論是個人還是人類來說，圖像都是早於文字而為人上手也拿手的。但是很有趣的，最起碼從我們開始接受學校教育後，圖像的訓練與教育，就與文字分家，並且，低於文字。在台灣，到了中學之後，對圖像閱讀的漠視更加嚴重。

達文西把圖像及文字閱讀的搭配，說明得淋漓盡致。（Net and Books 出版）

我喜歡小時候畫地圖課，用色彩筆畫一個個中國的省份，那些省份的形狀就從此留在腦海裡了。那大概可以說是學校教育裡讓我記得文字與圖像可以並行的唯一記憶。

圖像閱讀裡最大的污名化，當然是漫畫。

我們從很小的時候，就開始接受讀漫畫是不好的行為，是要被懲罰的行為。漫畫就是圖像閱讀裡極重要的一環。即使在科學研究證實了左腦與右腦的功能，分別與文字及圖像閱讀有關之後，仍然拋不開這個成見。

要我談自己的圖像閱讀經驗，立即的反應總是一幅畫，一套書。

一幅畫，是南宋馬遠的《踏歌圖》。

在那畫面上看不出是否向晚的暮靄中，圖的右下角有四個醉態可掬的人。我最喜歡最右邊那人的步態，帽子歪在那兒，你幾乎可以聽得到他打的酒嗝。中國詩詞裡那麼多田舍之樂的詩，似乎都歸納到這一幅畫裡了。

一套書，是《帶子狼》。

《帶子狼》的精彩，我在前面介紹甜食閱讀的時候，已經說過了。但這裡特別想就其圖像產生的效果再說兩句。

簡單地說，就是如果你想了解有關日本歷史文化的許多器物與場面，正是圖像毫不拖泥帶水的幾筆一勾，你就知道是怎麼回事了。小池一夫編劇所描繪的武打場面固然精彩，但是小島剛夕的線條，真正讓水鷗流的拜一刀活了過來！

一套漫畫書，就能讓你對人生，對歷史，對日本文化有那麼多的體會，除了《帶子狼》，還有什麼？

就是這個人！
看他醉得多可愛！
──《中國美術史》。
（作者：蔣勳／東華書局出版）

因為對漫畫的喜愛，我自己也參與過漫畫的製作。因為曾經很迷電視遊樂器，尤其愛打「超級馬利」，所以就用了「馬利」的筆名來當編劇，和鄭問合作過《阿鼻劍》。

在那個過程裡，對文字和圖像的不同作用，也就特別心有所感。短短的幾行文字，經過漫畫家的手筆演繹出來，大

有不同的樂趣。《阿鼻劍》出版之後，能一直在武俠漫畫中佔有一席之地，也即將改編成電影、電視，沒有鄭問的圖像魅力，是不可能的。

鄭問畫《阿鼻劍》第二部的時候，有次我去北京出差。在還沒使用 email 的 1990 年代初，旅途中忙著趕寫劇本，又要忙著趕去發傳真的匆忙感受，至今都仍在心頭。

現在鄭問已經離開，我們要合作《阿鼻劍》第三部的約定沒法再實現。這裡摘了第二部裡一篇「劍痴」的故事，和大家分享一下既是作者之一，又是讀者的心情。

能夠沒忽視圖像閱讀的人，是幸運的。
有福的。

《阿鼻劍》第一、二部。
（大辣出版）

157

160

嗖
——！

真好！真好！
這把劍砍掉敵人的
頭顱，不亦快哉！

雨水在劍身上濺起層層水花，似乎在回應他的讚美。

真好！真好！這把劍驚天動地，橫掃千岳，不亦快哉！

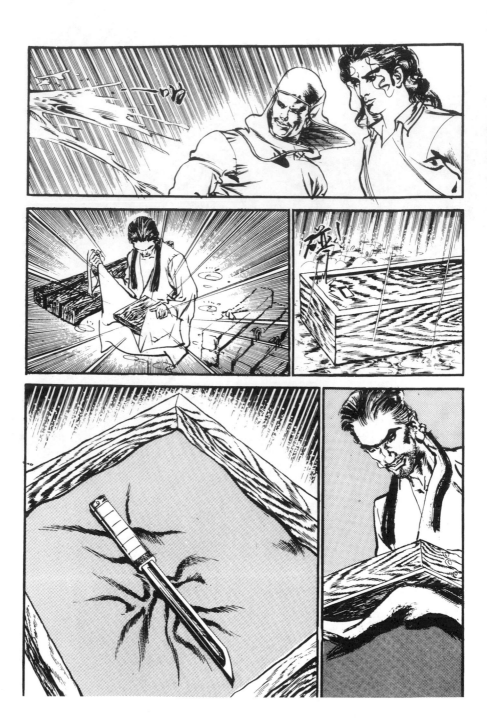

真好！真好！
這把劍能慢慢的割
破自己的喉嚨，不
亦快哉！

167

摘自《阿鼻劍》第二部〈痴之獄〉

170

「超級馬利」與我

曾經，我是個「超級馬利」迷。

當時還是八位元的遊戲，電視螢幕上所顯示的不過是一個雖然有一定的輪廓，但形象並不那麼清楚的人物。但是這個能跑跑跳跳，喜歡追逐金幣，愛吃魔菇，能吞金星的馬利，卻讓你著魔似地，每天下班第一件事想的就是回家，能把過關的功夫鍛鍊一番。

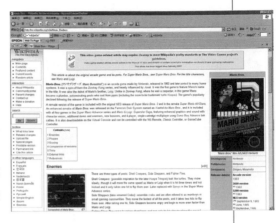

當時的機器，沒有儲存遊戲記憶的功能。所以你沒法在昨天停機的那個地方接續玩下去，相對地，每天你打開機器，都要從第一關的第一個動作做起。

從某一方面來說，電視遊樂器迷人的，在於滿足你渴望知道未來的需求。

再往前進，是什麼樣的光景？會增加什麼樣的武功？會碰上什麼樣的敵人？

人生，也不過是反覆問這幾個問題。但時間永遠把你制約，你沒法加速打開那個捲軸，沒法加速知道未來。

但是電視遊樂器則不然。時間在你手上，看你要把遊戲加速展開到什麼程度都可以。看你要反覆玩到什麼程度。

電視遊樂器也是一個有關記憶的遊戲。

不只是鍛鍊過關斬將技能的記憶，還是如何中斷自己記憶的遊戲。

自己本領也比較陽春，每當你生命用盡，力竭而死時，那是被迫中斷記憶。

可是等自己本領比較高了，關卡的難度也更高的時候，你會經常主動中斷自己的記憶，希望讓自己從頭來過。

你總會不時惋惜地發現，三種過關的本領多麼難以兼顧。你總是才剛記得不要犯那個錯誤，卻又犯了另一個錯誤。

你惋惜。所以乾脆重新開機，擦掉這一次記憶，讓自己有機會重來一次，讓自己有一次更美滿的發展。真實的生命沒法讓你如此奢侈。電視遊樂器可以。

我沒有玩網路遊戲的習慣。相較之下，網路遊戲太複雜也太摹擬人生了。摹擬到讓我覺得何不集中精神去玩人生這個遊戲的本尊。

所以我不時懷念一下超級馬利。

經典與 Fashion

經典與 Fashion，可以和諧相處，左右逢源。

怎樣用最簡單的話來解釋「經典」與「Fashion」？

經典，我說就是「傳說中的書」。

能成爲經典的書，都是充滿魔力，可以超越時間與空間的限制，流傳久遠。

我們稱之爲「經典」，原是讚嘆與敬意。偏偏，敬意也容易轉變爲敬畏。因此，不論中外，提到「經典」就會敬而遠之。

還不只如此。正因爲經典往往來自於遙遠的時空，所以在物換星移之後，作者寫作當時的歷史環境、相關人物的關係、遣詞用字的意涵，或多或少地鎖在重重神祕之中，需要特別解讀的鑰匙。

於是，「經典」很容易就成爲「傳說中的書」——人人久聞其名，卻沒有機會也不知如何打開的書。

因此，一代一代的出版人所做的工作裡，有很大一塊是在重新詮釋「經典」，讓當代的讀者可以用適合他們的角度來接近這些傳說中的書。

就一個出版人的身分，我自己就做過許多嘗試。其中有一個名爲「經典 3.0」的計畫，請見附文。

就一個讀者的身分，我自己也是十分享受閱讀經典。總是看著書架上收集了那麼多傳說中的書爲樂，也以逐步一本

本打開讀過之後，感受到或是意料之中或是意料之外的衝擊而當作閱讀的最大享受。

至於我讀 Fashion，則是另一條路上的故事。

我第一個工作，在大約五年時間裡，從特約編譯做到編輯主任的位置。
那是段養成期。其中最重要的經驗，應該是為了籌備一本英語學習雜誌的創刊，所以去圖書館翻了十年份的 *Time* 雜誌，公司還訂了五十多種英文期刊，最後雖然雜誌沒編成，但是每個月要讀那麼多種期刊的經驗，十分受益。我後來去三家雜誌工作，都和那段時間看大量的雜誌有關。

因此，照出版業分 book people 和 magazine people 來說，有滿長一段時間，我都算是 magazine people 這一國的。

為了 Fashion 這個字是什麼意思，我苦思了快十年。

之後，我的工作內容逐漸轉向，我開始成為 book people，主要出版書籍，而不是雜誌了。從時報到大塊到商務印書館，我經歷了規模和歷史不一的出版公司。然後，不知從什麼時候開始，我不再看雜誌了。從少看，最後變得不看了——國內外任何雜誌。

書，除了工作上的之外，自己閱讀的書，如前所述，也越來越集中到經典上。年代越久遠的傳說中的書，越吸引我。

雜誌，對我的吸引力越來越淡。每個月、每個星期變換的人物與主題，對我而言就是主食閱讀。但我不需要從雜誌裡來的主食，光是從書裡來的主食，不就夠我閱讀了？

173

就算 Fashion 只是意指流行、時尚，而且普遍用於服飾，我還是很喜欢 Fashion！

沒有 Fashion 一步步演進的話，穿古裝或樹葉…多恐怖……

←只是很久才 update 一次…

所以，我對一個名詞越來越搞不明白是怎麼回事了：Fashion.

最早，我的好奇應該是從 fashion magazine 怎麼翻譯而開始。先是好奇這種離我好遠好遠的雜誌，中文到底應該有個什麼樣的說法，偶爾見到一些人請教一下，後來，隨著各種以 fashion 爲名的雜誌越來越多，fashion 這個字越來越和各式各類產品出現在我們四周，我那點好奇越來越濃，到了幾乎是見人就問的地步。

時尚、流行，是最多人說的。可就是沒法讓我接受。如果譯爲「時尚」、「流行」，我不覺得刻下那些名爲 fashion magazine 或是和 fashion 沾得上邊的雜誌，對我有什麼特別需要閱讀的意義。我不認爲自己的生活裡需要那麼多「時尚」、「流行」，也不認爲許多人對「時尚」、「流行」的解釋，值得讓我放棄許多其他閱讀時間來交換。

但另一方面，我又覺得此事透著不對勁。fashion 和那麼多東西有那麼密切的結合，那麼多事物又打著 fashion 的旗號，我要和社會大眾所關心的議題如此越走越遠，怎麼都說不過去。只是因而就想叫我勉強去接觸，我又做不來。

我最大的樂趣，還是繼續一點一滴地在做那些網路與書之間的聯繫。但 fashion 到底是什麼，這個問號則持續地閃動著。

2006 年 7 月，我剛搬家。有天趁著整理家裡的空檔，把許舜英在雜誌上連載的一個對談專欄，還有過去出版的一本書，看了一個下午。第二天，我寫了封信給她。我一方面簡述了一下自己這十年來對 fashion 這個名詞的困惑，一方

許舜英的《大量流出》。（紅色出版）

174

面提到那天下午閱讀她文字的時候，我對這個名詞的說法突然跳了出來：「fashion，就是享受當代各行各業頂尖的人的創作成果。」

閱讀經典，對我的意義一直是享受過去時間裡，各個知識領域裡最頂尖的人物所留下來的思想結晶。現在，當我體會到，fashion 就是享受當代各行各業頂尖的人的創作成果時，我從一個一直背身而立的人，成為可以轉身擁抱 fashion。

最少，看看作者的序言吧。（時報出版）

連帶著，我也重新看起雜誌了。

所有的雜誌，其實都是希望以 fashion 為名，為號召。

我感性的說法是，經典和 fashion，如此可以在我身上有個和諧的相處。理性的想法則是，可以從經典和 fashion 中，左右逢源。

但是有一天讀到卡爾維諾的《為什麼讀經典》，才知道自己的體會有多麼膚淺。

卡爾維諾在這本書的前言裡，給經典是什麼下了十四個定義。

其中，最令我感動的是最後兩個定義：

十三，經典是將當代的噪音貶謫為嗡嗡作響的背景之作品，不過經典也需要這些噪音才能存在。

十四，經典是以背景噪音的形式而持續存在的作品，儘管與它格格不入的當代居主導位置。

只要把「噪音」兩個字替換為「fashion」，就是對我曾經持續很久的困惑最好的回答。

當經典 3.0 的時候

「經典 3.0 」是我在 2010 到 2011 年所嘗試的一個立體出版計畫，也可以說是把「經典」和 Fashion 結合的一個閱讀計畫。

對於現代人來說，「經典」往往就是「傳說中的書」，久聞其名，但是從不會接觸的書。

由我來形容的話，我覺得「經典」像是被高牆圍起來的林野。許多人都知道有這個地方，但都是匆匆走過，頂多只是好奇地在門外張望一下，而永遠不知道自己如果不多跨那一步，不真正走進那個門口，錯過的到底是什麼風光。

因此，我想到做一件事，就是邀請一些人，實際曾經進入過這些林野的人，來為我們導覽。他們各自選一本自己讀過的經典，向我們解釋這到底是個什麼樣的地方，裡面有什麼樣的奇珍異寶，以及可以如何方便地進入。這樣，也許可以讓更多人或是鬆口氣，或是激起了更大的好奇心，願意跨出探索的腳步。

所以我做了「經典 3.0 」的計畫，共出了二十五本書，每本書都包含三塊內容：

第一塊，是邀請當代一位作者當導覽，為我們介紹他所經歷、目睹的奇妙之境。這個部份搭配大量圖像，讓讀者方便理解，可以說是圖文並茂。

第二塊，是邀請當代一位繪畫或攝影的藝術家，就他所感受到這部經典的精神，做一個新的圖像創作。

第三塊，是請導覽的人從經典原文中挑選一個段落，摘錄給我們閱讀。如果讀者對這一小塊摘錄的內容感興趣，他可以再去尋找經典的全文來自己閱讀。

另外，每本書在編輯出版之前，我們先籌畫了一系列的演講活動。

因為這些經典的導覽者都是海峽兩岸三地的名家，所以就先邀請海峽兩岸作者，在台北、香港、上海、北京四個城市進行演講，講後再據以編輯出版成書。由於當年網路直播還不方便，所以有部份演講內容是錄影放在網路上。

出書之後，我們還辦了一個「打開夢想與未來」的活動，鼓勵大家讀這些經典，因而產生新的夢想，並去實踐。

總之，「經典 3.0 」，是想在網路時代，借助這個時代的特質，來看看我們可以如何重新接觸這些傳說中的書，看到書中的魅力與神奇，然後，和其他人分享。這樣，大家都有機會打開這本書，「經典」就有了新的價值與作用。

「經典3.0」每本書都包含三塊內容：1. 作者圖文並茂的導讀；2. 一位藝術家的衍生創作；3. 相關的經典原文摘錄。這邊展示的是《何以三代以下有亂無治：明夷待訪錄》的內頁。（Net and Books出版）

當白晝與黑夜力量匯合時

《2001：太空漫遊》在五十年前就提醒也預告這一點，超前時代。

非常感謝馬莊穆（John McLellan）教授。沒有他的指點，我譯不出這本書。（遠流出版）

1968 年，《2001：太空漫遊》的電影和小說分別問世，各自奠定了在影史與小說史上的地位。

一般而言，電影和小說總有主從之分，或是電影改編自小說，或是小說延伸自電影。但是《2001：太空漫遊》卻十分特別。正如克拉克在本書序裡所言，起初他們是想在「著手那單調又沉悶的劇本之前，先來寫本完整的小說，盡情馳騁我們的想像，然後再根據這本小說來開發劇本」，然而，後來他們卻「小說和劇本同時寫作，兩者相互激盪而行」。最後，在 1968 年春天，電影和小說幾乎同時問世——電影早了幾個月。

也因此，《2001：太空漫遊》的電影和小說一直被視為各自獨立的創作，談到電影，大家會說是「庫布利克的《2001》」，談到小說，大家會說是「克拉克的《2001》」。的確，雖然在講同樣的一個故事，但卻各自具有不同的生命，是完全不同的個體。

談到影像閱讀，尤其是要說明和文字閱讀的不同，《2001：太空漫遊》是個最好的例子。

任何一個看過電影《2001》的人，都不能錯過小說《2001》；任何一個讀過小說《2001》的人，也不能錯過電影《2001》。

因爲，庫布利克和克拉克的創作，分別代表了影像與文字兩種不同創作的特質與極致。看他們的電影，讀他們的書，做個對照，也就能體會到影像與文字閱讀不同的樂趣與收穫。

《2001》的故事，大致可以分爲三部份。

第一部份，是猿人遇上黑石，後來進化爲人類的過程。

第二部份，是人類在月球上發現黑石，到鮑曼和不受控制的電腦哈兒9000對決。

第三部份，是鮑曼獨自在宇宙裡漂泊，再度和黑石相逢，到「星童」的出現。

我覺得，就第一部份而言，電影和小說的表達，各擅勝場。電影的影像和小說的文字，分別以其獨特的方式，陳述了太初的混沌與啓蒙的黎明，各有其震撼與動人之處。

第二部份，電影要比小說出色。小說花費許多文字來陳述先進的科技細節，不免累贅，而電影則直接以令人瞠目結舌的特效影像，把故事講得乾淨利落。

但第三部份，則是小說要勝過電影一籌。用電影來呈現鮑曼的經歷，顯現了以影像來描繪玄奧之不足，很多人看不懂這個部份是當然的事。然而，對於玄奧，文字卻恰好最能發揮所長。小說在這個部份做了最精彩也最充分的發揮。

從小說改編爲電影的，成爲敗筆的很多。這些災難一方面說明影像閱讀與文字閱讀是兩回事，一方面也讓我們體會到應該特別感謝庫布利克和克拉克。

《2001：太空漫遊》的電影和小說，讓我們有機會體會到影像與文字這兩種不同閱讀的極致與不足，以及相互之間可以如何相輔相成。

鬼再怎麼用文字形容，都沒有真的看到那麼恐怖，真的看到了，又覺得沒有自己想像中恐怖⋯

這是我認為影像勝過文字的
那個部份。
（圖片授權：達志影像）

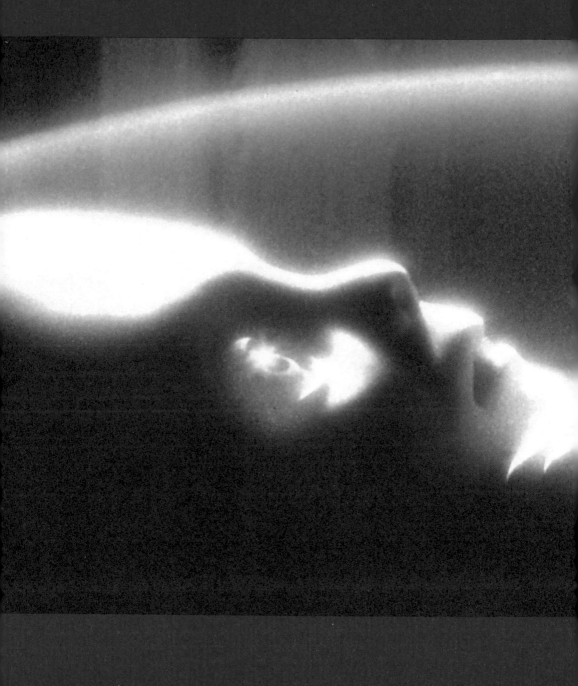

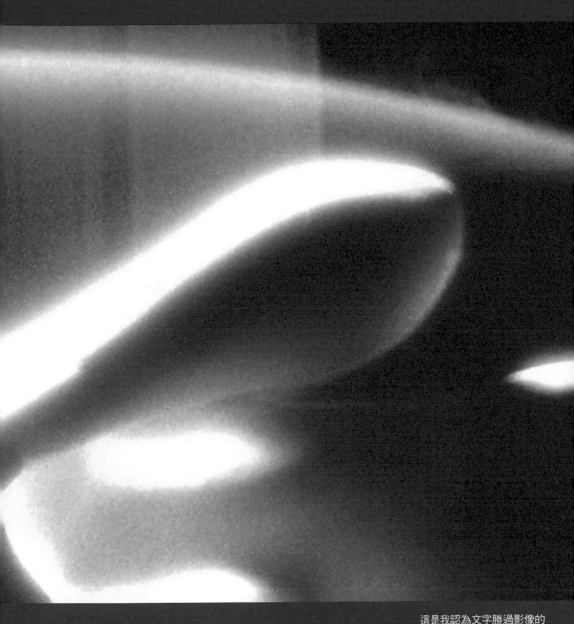

這是我認為文字勝過影像的
那個部份。
（圖片授權：達志影像）

如前所述，因爲網路時代而蓬勃的圖像閱讀、影音閱讀、互動閱讀等等，只是釋放過去幾千年文字發明之後被壓抑的感官需求。

我們不需要擔心這些發展會破壞對文字閱讀的需求，也不能因爲珍惜文字閱讀的價值而漠視這些發展的意義。

我們需要讓文字閱讀配合影像閱讀以及網路上其他形式的閱讀，一起產生更新奇的化學作用。如同善用白晝與黑夜匯合的力量。

《2001：太空漫遊》在五十年前就提醒這一點，也預告這一點，眞的是超前時代。

Part 5
跨越方法與工具

創造閱讀的時間

理財的三個原則，可以用在善用閱讀的時間上。這個習慣越早養成越好。

裡面談到一段時間會停止的感覺，我體會過。
（作者：勒范恩／譯者：馮克芸、黃芳田、陳玲瓏／臺灣商務印書館出版）

新認識的人，聽說我在出版業工作，不免會問一聲：「那你一定有很多時間可以讀書了？」
泰半，我會點點頭，應一聲「是」。
不過這實在不是個正確的，或是說，充分的回答。

實情是，我雖然有很多時間可以讀書，但並不是「一定」有很多時間可以讀我自己「想讀的書」。

我有兩個身分，一個是「讀者」，一個是「編輯」。這兩個身分，有重疊的時候，有互相引導的時候，但也有互相衝突的時候。——「讀者」有一長串他自己想讀的書單，「編輯」有一長串他工作上需要評估的書單，碰上一天只有二十四小時可以分配的這件事情，互相衝突就不可避免。

所以，就一個出版人而言，我為如何安排自己閱讀時間的這個問題，苦惱的程度不比只有「讀者」身分的人少。

我們常說時間就是金錢。利用這個概念，倒可以看一下我們能如何為自己創造閱讀的時間。

首先，要懂得積少成多。
就像雖然覺得錢不夠用，但是再少的錢也得一分一毫地積蓄下來，閱讀的時間也是如此。我們得精打細算，一分一秒地留給自己。
所以，一天中，即使時間再少，也要留一些，或者說擠一

些給閱讀。

「每天決定去讀一點，即使是幾段也好，假如你每天能有十五分鐘的讀書時間，一年之後你就可以感受到它的結果。」美國一位教育學家賀瑞斯‧曼恩（Horace Mann）這麼說過。

日本曾經流行一個中學生的閱讀運動。學生進校門後，每天早上一定有十五分鐘要先閱讀，不管閱讀的是什麼書，反正就是教科書以外的書。

對已經離開中學階段的人來說，尤其因為閱讀胃口被破壞而「聞書色變」的人，這也還是一個很基本的方法。

我們每天花在手機上看東西的時間，一定超過幾個十五分鐘。讓自己習慣於每天拿十五分鐘來接觸紙本書，一來不算苛求，二來也一定會逐漸看出積少成多的作用。

時間既然是金錢，那就應該懂得用來投資性地閱讀，也用來消費性地閱讀。

第二，要化「零錢」為「整款」。

存錢、用錢的人都知道，同樣一筆金額的錢，分多筆「零錢」逐漸進帳，和一筆「整款」進帳，兩者的作用大不相同。

我們每天光是用十五分鐘來閱讀，也可以產生日積月累的效果，就像存「零錢」也可以達到累積成「整款」的效果，但是我們知道，金錢能創造的最大效果，還是得錢滾錢。所以，真正要進行有意思的閱讀，我們還是得讓自己有真正的「整款」可以使用。

對閱讀的時間有「零錢」和「整款」的概念後，對如何使

用「零錢」和「整款」，也會有不同的認知。

譬如，「零錢」時間，用來讀一些甜食類的書；「整款」時間，用來讀主食和美食類的書。

那麼，一天二十四小時，就這麼些時間，自己東挪西湊，也就是頂多能有這些零錢時間。硬說是要有整款時間，怎麼生得出來？

有一個地方可以生。週末。我們要求平日是十五分鐘的話，週末就應該是三個小時。這裡說三個小時，是當作去看一場電影加交通的時間。

一個週末，我們會花三個小時看一場電影，那麼花三個小時來閱讀也應該不過分吧？

如果試過一次用三個小時來持續閱讀，就會知道那和積累十二次每次十五分鐘的閱讀還是不同的。再打個比喻，這就好像我們一次做三個小時大汗淋漓的運動，跟我們做了十二次每次十五分鐘的運動，效果是不同的。

金錢能創造的最大效果，得靠錢滾錢。所以，閱讀時間裡如果能有個存「整款」的機會，我們會發現那裡面出現的樂趣和收穫，完全不是每天存些「零錢」所能相比的。

此外，金錢有積蓄的作用，也可以有消費的作用。進行主食閱讀、美食閱讀、蔬果閱讀，都可以說是積蓄的作用，進行甜食閱讀，可以說是消費。

還有，金錢最好的運用之道，總是應該積蓄與消費兼顧，閱讀也是。所以使用「整款」的時間，不妨也這麼提醒自己一下。

第三，要善用「中樂透」的機會。

每個人都有個發財夢，想要中一筆樂透，有一筆大錢。每

個愛好閱讀的人，也都有一個夢：夢想自己可以擺脫日常工作的牽絆，好好地把自己想讀的書讀個夠。

但是如同樂透是個遙遠的夢，愛好閱讀的人的這個夢，通常也是。

在這件事情上，學生是最得天獨厚的。因為他們每年都有「暑假」和「寒假」，合起來一年有大約三個月的時間。這麼大一塊時間，善用的話不就像定期中樂透一樣嗎？

學生裡，我又覺得大學階段的人可能是最幸運的。中學生的寒暑假，可能還是被排了許多課業，大學生則可以更靈活也充分地善用中樂透時間。

相對而言，成年人和一般上班族，在閱讀時間的樂透上，就難有這麼好的機會。每年雖然也有休假的時間，但根本沒法像學生的寒暑假那麼長。

但我見識過有人可以在這重重限制之下，讓自己從每天有限的二十四小時中硬是創造出中樂透的機會。

曾任北京商務印書館董事長的陳原，我們都稱呼他原老，很受敬重。原老不但曾經是中國的文化部高級官員、商務印書館的出版人，也是一位卓然成家的語言學者。

陳原是由於在文革期間出版《現代漢語詞典》，其中有些詞條受到批鬥，所以激起他後來對語言學研究的動力。我請教過他怎麼擠出時間來做這件事的。

陳原是白天忙碌於種種行政工作，設法應付種種鬥爭之後，夜晚回家後調整作息，然後每天深夜開始有自己的

整塊閱讀時間，十二點到凌晨三、四點是他閱讀精華時間。如是堅持者十幾年時間，他就在語言學的研究上開闢出自己的天地。

任何政府官員處理的行政事務，都是極其瑣碎的，何況在中國大陸；任何人都有白天需要煩惱的事情，何況是在文化大革命期間要面對的鬥爭。如果陳原以他的例子，告訴我們，在這種情況下，他都能設法為自己每天找出三四個小時的「整款」時間，並且蓄積每天的「整款」時間，硬是給自己創造出形同中樂透的機會，我不知道其他人還可以有什麼藉口推搪，或者有樂透而揮霍殆盡。

今天中學的考試教育，不只破壞了我們的閱讀胃口，也沒教我們如何把時間金錢用來使用在閱讀上的理財。這個後遺症延伸到大學之後，經常要等到出了社會，才深感自己沒有料理閱讀時間的能力，需要從頭練習建立一些本該早有的習慣和方法。

金錢能創造的最大效果還是得靠錢滾錢，所以，閱讀一定要設法有個「整款」時間。不妨從每個星期至少有三小時完整閱讀時間做起。

我自己的情況是，白天的零碎時間用來做一些零碎閱讀（現在主要是網路上的各種資料、一些可以快速翻閱過的書籍）之外，我最重要的整款閱讀時間在每天的早上。

我努力維持十一點左右入睡，早上五點起床。而大約五點到八點之間的三個小時，就是我自己的整款閱讀時間。

這段時間我絕不碰工作上的書籍（除非是正好我感興趣的），只讀這一陣子和自己想要閱讀的主題相關的書籍，或是到網上進行交叉搜尋。

有這麼一塊完整時間的閱讀，這一天我覺得比較可以輕鬆以待自己的時間即將被零碎分割。哪一天少了這一塊完整時間的閱讀，那這一天的情緒就會很受影響——想到自己這一天即將在各種會議與奔波中糊里糊塗地度過，誰的心情好得起來？

另外，我雖然也很享受週末的閱讀，但是對星期五的晚上有特別的感受。對我來說，星期五晚上就是不同，不但和星期天的晚上不同，甚至和星期六晚上也不同。

星期六晚上雖然第二天也不必上班，但不知怎麼，我就是不像星期五晚上那麼自在。星期五的晚上，因為接下來有完整的四十八個小時，那四十八個小時簡直像是永恆。

在這樣的夜裡，後沒有追兵，前沒有來人。把手機也關掉的話，整個世界都是安靜的，是最適合閱讀的時間。可以讀新近入手的一些書，可以讀老早想讀的書；可以很快地翻閱一些書，就又丟開，也可以逮到一本就一頭鑽進去讀到天亮。

於是，隨著夜越來越靜，我感到自己和讀的書之間，存在著一種微微的溫暖之意。

所以，我建議除了在週末要留給自己一個至少三小時的「整款」時段來閱讀之外，也不妨體會一下哪個時段的三小時自己特別有感受，在什麼時候讀這三小時的效果最大。

掌握閱讀的速度

不但有助於培養胃口，還有助於創造出多一些的閱讀時間。

我們都知道速度和時間的連動關係。所以掌握了閱讀的速度，便有助於創造閱讀的時間。

我們一天只有二十四小時，而自己感興趣的書、進了書店看到的書不知有多少，所以如何針對不同的書有不同的閱讀速度，這本身就是閱讀能力，也是如何創造閱讀時間的一個關鍵。

然而中學六年的考試教育，對我們的閱讀速度有很不好的影響。太多人的閱讀胃口從中學階段就被破壞的一個原因，正是因為沒法掌握閱讀的速度。

掌握閱讀的速度，不是說每本書都要讀得很快，而是針對不同的書籍能有適當的不同速度。

書不是讀得越快越好，但也不是所有的書都該細嚼慢嚥。事實上，許多書並不值得我們花那麼多時間把全書逐行逐字讀完。那樣閱讀，太浪費了。

但，中學階段因為考試答錯一題就對自己分發的學校和科系有重大影響，所以大家不得不把教科書和參考書上的字字句句都吞嚥下去。因而，最安全的讀書速度只有一種：逐字逐句地讀。

我們有長達六年的時間因為不想錯漏任何考題，就把所有

教科書的每一個字句都再三咀嚼，這就不但破壞閱讀的胃口，也破壞了掌握閱讀速度的能力。

偏偏閱讀的速度和閱讀的胃口，兩者又有相當密切的關聯。

我們可以說，掌握不到閱讀的速度，其實就很難培養閱讀的胃口。

相對地，如果知道掌握閱讀的速度，那我們就不但可以針對不同的飲食有不同的速度，有助於培養胃口，還有助於創造出多一些的閱讀時間。

那應該怎麼判斷哪些書要快，哪些書要慢？

這涉及到閱讀的方法。掌握了閱讀的方法，自然就掌握了對待不同的書該有不同速度的方法。

我們會知道：

有的書，可以很快地翻閱一遍就過去（這些書名就不提了）。

有的書，要跳過前面幾章，否則可能多年後你還在第一章打轉。（我讀 H.G. Wells 的《世界簡史》〔*A Brief History of the World*〕就是如此。）

有的書，要略過中間一章（對我來說，《談談方法》有關心臟的那一章就是這種例子）。

有的書，要從最後一章結語看起（我聽《如何閱讀一本書》的作者艾德勒建議，這樣讀《物種起源》）。

有的書，仔細讀其中的一個章節，其他部份可以先略過（我讀《國富論》先讀了「看不見的手」那個部份）。

有的書，就是要字斟句酌地推敲每一個字，並且多年持續（我讀《金剛經》和《易經》的經驗）。

最後，在接下來要談到一些方法之前，有一點要在這裡先提一下。

不論是創造閱讀的時間，還是掌握閱讀的速度，最根本的，都是為了讓一件事情發生。

那就是透過持續的閱讀，透過或快或慢的閱讀，我們需要終於碰到一本書，讓我們拿起來之後就再也放不下手，走在路上也想讀，吃飯的時候也想讀。廢寢忘食，是一點也不誇張的形容。

可以說，所有創造閱讀時間的努力，所有練習掌握閱讀速度的努力，都是為了讓閱讀能出現這個經驗而累積。

有了這樣一次經驗之後，尋找閱讀時間或創造閱讀時間就比較不再是問題了。我們會自己設法找機會讓那個美好的經驗再次發生。

當然，這也會為後面所談的「密林裡尋找一片樹葉」，或是找到啟發自己夢想的那本書打好基礎。

閱讀的五加一力

紙本書的閱讀氣場會孕育出五種能力，再自然產生
第六種力量。

文字，印刷在紙上，會有一種獨特的氣場。一張張印好字
的紙按照順序，裝訂成冊，又會形成另一種獨特的氣場。

這個氣場的特質，就是〈當紙本書是一個黑夜〉那一
章所說的：抽象、安靜、收斂、孤獨、整體、線性、
靜態、陰性。

雖然說今天電子書已經很普及，並且有紙本書所沒有的
便利，但是同樣的文字內容，使用紙本書來閱讀，尤其
如果在一個靜夜無人的時刻，就會體會到那種截然不同
的氣場。
體會這種氣場，在這種氣場裡活動，至少會孕育出五種
能力。

目前我們以考試教育為主的學校裡，對學生形同只要求、
只逼迫單一種閱讀的能力——記憶力。
很多人不知道：如果在真正的閱讀氣場裡孕育出五種能
力，那記憶力將是在綜合這五種能力之後，自然產生的
第六種力量。
先有這五種能力，記憶力會自然產生。沒有這五種能力，
那是在硬擠記憶力，痛苦不堪，效益也不會好。

這五種能力，就是理解力、想像力、集中力、傾聽的能
力、整理的能力。
使用紙本書來閱讀，最適合培養這五種能力。回過頭來

說，我們也最適合使用這五種能力來閱讀紙本書。

培養這五力、使用這五力，可以說是紙本書代表的黑夜的價值。

為什麼是這五力？

根本原因，就是在於一本書，不同於推特、臉書和電子郵件裡傳來的文字，是一個作者，透過了相當篇幅（通常至少要好幾萬）的文字，用他認為適當的方式，想和他期待的讀者說一些事情，分享一些事情，並希望說服讀者同意或接受。

所以這和推特或臉書上短則幾十字、長則幾千字的內容是不同的。

當我們打開了一本書，就是要和作者開始對話了。雖然那個作者是隱形的，你看不到的。

因此，我們要設法跟上他的說話節奏，以及表達方式，這樣才能適當地理解他想要表達的內容。也只有當我們理解之後，才能判斷是否同意或接受他的觀點。

一本書的作者，不會只是攤給你一些數據或知識。他一定是有些觀點或想法要表達。像我寫這本書，就是為了想對一個已經離開中學階段的人，說明我們在接受教育的過程中，閱讀出了什麼問題，以及可以如何因應。

所以，我們在閱讀的時候會動員到「理解力」。而我們的理解力，則是因為在閱讀一本本書的過程裡，和那些作者的對話而逐漸增強的。同時，也會因為閱讀不同類型的書而逐漸增強。

作者和讀者是兩個不同的人。不但人不同，連生活、成長

的時間和空間都可能不同。並且，作者觀看和思考事情的角度，也和讀者不同。

事實上，讀者都是希望能接觸到這些不同的角度，才想到要閱讀作者的書。總之，兩者就是會不同。

在這麼多不同的條件之下，一個讀者想要適當地理解作者想要說的事情，不能不動員到「想像力」。

我們的想像力，會因為在閱讀一本本書的過程裡，受到（如果夠好的）作者不斷給予的種種刺激、誘發，而逐漸增強。同時，當我們遇上完全陌生、甚至原先不感興趣的作者，也需要動員想像力來消除許多隔閡。

當然，我們可以知道：「想像力」和「理解力」是互相呼應的。

然而，雖然有的作者我們可能很容易理解、想像，但另外很多作者，即使我們動員了所有的「想像力」和「理解力」，仍然不容易理解，畢竟，他們所站的位置，可能和我們就是有很大的差距。

這時候，我們就要集中精神地聆聽他到底在說什麼。

閱讀作者寫在紙本書上的內容，不像閱讀網頁、電子書，有那麼多鏈接、檢索、新開視窗的方便。紙本書的閱讀，必須一行一行、一頁一頁，很線性地跟著作者的行文走。這本身就是鍛鍊我們「集中力」很好的機會。而如果我們想要清楚地掌握作者希望傳達的訊息，又正好需要這「集中力」。

閱讀一本書，雖然說是作者和讀者在對話，但首先發生的，畢竟還是我們讀者先在聆聽作者講什麼。

傾聽是一種能力。這種能力可以聽出說話的對方到底是打開了心底哪些門戶，向我們傾訴，也可以聽出對方到底在

哪些地方有所保留，哪些地方模糊，容易產生誤會。

所以我們在閱讀一本書的時候，本身就是在練習「傾聽力」。

「理解力」、「想像力」、「集中力」、「傾聽力」，其實都是連動的。

「理解力」和「想像力」是一體兩面；「集中力」和「傾聽力」也是。而這四者之間又交錯影響。

最後，在閱讀一本書的時候，也就是和作者對話的時候，我們同時還在練習、也在動員的另一個能力是「整理的能力」。

聽著他說話，我們就在進行整理了。

「這個地方講得很對！我怎麼沒這麼想過？」

「等一下，這個地方說得很好，可是好像跟剛才另一個地方講的不太一樣？」

「這件事情原來是這樣。那可以和前面一個地方算是同一種類別。」

「這裡沒什麼特別的。」

「這裡我只明白一點點。先放過去，等一下再回頭來看看。」

在閱讀一本書的過程裡，我們不斷地在整理自己的思緒，也在整理作者說的話。所以，固然看完一本書，寫摘要的時候是在整理；閱讀過程裡做筆記也是在整理；即使什麼筆記都不做，自己的思緒在不斷碰撞，也是在做某種程度的整理。

而同樣的，如果沒有前頭的「理解力」、「想像力」、「集中力」、「傾聽力」結合在一起，而只想進行整理的話，這種整理的能力也一定持續不久，沒有效益。

所以，閱讀，就是在培養五力。也只有五力並行，閱讀才會進行得有趣、有效益。

我們爲什麼要多閱讀？爲什麼要多閱讀小說、詩詞、歷史、哲學等等不同類型的書？其中有一個很重要的原因就是：我們可以透過閱讀不同類型的書，從不同的方向來激發也練習理解力、想像力、集中力、傾聽力，以及整理的能力。

最奇妙的一點是，如果動員了這五力來閱讀一本書，那將會相當自然地發生一件事：我們會很容易就把書的重要內容記下來了。
所以說，記憶力，是因爲這五力而產生的。
這就是透過閱讀紙本書而培養、而動員的五加一力。

很多中學生的父母都擔心孩子讀「閒書」會浪費他們讀教科書、參考書的時間，那是因爲他們不知道必須閱讀教科書和參考書以外的書，最好大量閱讀不同類型的書，才有可能鍛鍊出閱讀的五力。
光是想透過背誦那些單調的教科書和參考書來記憶，不只是在無謂地耗損孩子的記憶力，並且也從根破壞他們培養閱讀的五力。
當然，他們也根本不知道，如果一個少年人的閱讀五力能培養得起來，他們自己就會用一種輕鬆又方便的途徑來解決那些教科書所需的記憶力問題。

但很可惜，我們的考試教育體制，從小學而中學而大學，是努力用二十多年的時間來全面破壞閱讀的這五種力量。

也許，有人會說：可是某某人不也是從這個體制成長起來的？人家現在不也是優秀得很？
這個問題不難回答：那如果他是在一個更好的閱讀環境裡成長起來的話，不是會比現在更加優秀？

怎樣閱讀一本書：陶淵明、諸葛亮、朱熹和蘇東坡的方法

這些歷史人物告訴我們：有多種閱讀方法可以交互使用。

世界上沒有正確的讀書方法，只有合適的讀書方法。

怎樣閱讀一本書，就是怎樣用適當的速度和方法來閱讀一本書。

我曾經看過網路上有人討論三位歷史名人的讀書風格，說陶淵明是「不求甚解」，諸葛亮是「觀其大略」，朱熹是「熟讀精思」。

說陶淵明「不求甚解」，典出「好讀書，不求甚解，每有會意，便欣然忘食」（《五柳先生傳》）。

說諸葛亮「觀其大略」，典出「亮在荊州，以建安初與穎川石廣元、徐元直、汝南孟公威等俱遊學。三人務於精熟，而亮獨觀其大略」（《三國志·諸葛亮傳》）。

說朱熹「熟讀精思」，典出「大抵觀書先須熟讀，使其言皆若出於吾之口。繼以精思，使其意皆若出於吾之心，然後可以有得爾」（《朱子讀書法》張洪）。

我不認為這種比較是有意義的，因為我不相信這三個人真的是各自只有一種讀書風格。

中國古今有哪些人怎麼談閱讀之道的，這是我的案頭書之一。（作者：王雲五／臺灣商務印書館出版）

因為，有些書就是需要「觀其大略」，有的需要「不求甚解」，有的則需要「熟讀精思」。不但如此，同一本書裡，有些地方讀來需要「觀其大略」，有些需要「不求甚解」，有

些則需要「熟讀精思」。更有甚者，同一本書，可能第一遍讀來只能「觀其大略」，第二遍「不求甚解」，第三遍才能「熟讀精思」。

因此，與其說「不求甚解」、「觀其大略」、「熟讀精思」是這三個人不同的風格，不如說是三種不同的方法。而我相信這三個人不會各自只有一種讀書風格，而是會交錯運用這三種方法。

綜合運用這三種方法，有幾個好處。

第一、可以很快地知道怎麼判斷一本書是哪種飲食。

雖然我們談了很多閱讀飲食的分類，但是如前所述，現在的飲食選擇太多了。書店裡、圖書館裡、網路上，太多閱讀選擇披著各種外衣，試圖吸引我們的目光。
這麼多書，我們要買、要讀，從何選擇？

如果我們懂得交互使用「不求甚解」、「觀其大略」、「熟讀精思」這三種方法，便可以節省一些時間。

遇上一本看來還不錯的書，先看看書的封面、封底、作者介紹、作者前言、目錄，從這幾個部份對這本書「觀其大略」。
大致隨意翻閱一下，這就是「不求甚解」。

再來，挑一個和全書精神最呼應，也是目錄或前言裡作者最看重的段落，仔細地「熟讀精思」三、五分鐘。

這三個步驟下來，應該足以讓我們判斷讓這本書就此留在平台上，還是需要把它帶回家了。

第二、買回家或借回家的書，知道如何享用它的精髓。

同一本書，可能第一遍讀來只能「觀其大略」，第二遍「不求甚解」，第三遍才能「熟讀精思」。

還有的時候，同一本書裡，可能也有些地方讀來需要「觀其大略」，有些需要「不求甚解」，有些則需要「熟讀精思」。

又可能，有的書要「觀其大略」，做些筆記，放到書架上待日後查閱。

有的書，部份「觀其大略」，部份要「熟讀精思」。

有的書，則要全書「熟讀精思」。一遍二遍三遍地讀。讀許多思想深邃的經典，都需要如此。

網路上沒有和這三個人並陳，事實上應該列在一起的，還有一位先生，就是蘇東坡，他的讀書法也是超厲害的。

有人問蘇東坡，說他那麼博學，一般人學不學得來。

蘇東坡說，可以啊。他少年時候讀書，很多書都是讀好幾遍。譬如，他讀《漢書》的時候，第一遍專門只讀和治理之道有關的所有內容，第二遍專門研讀其中的人物，第三遍官制，第四遍兵法，第五遍貨財。

如此，每讀一遍，專門針對一個主題全面搜羅，對其他主題則視若無睹，就可以讀通這個主題。多讀個幾遍下來，就可以每個主題都很精通了。

所以，最後他說了一句，「他日學成，八面受敵，與涉獵者不可同日而語。」換句話說，這樣的功夫學成了之後，可以八面作戰也從容自如。這和那些只是隨意說說愛讀書的人比起來，是不可同日而語的。簡直是天下無敵的架勢了。

蘇東坡的方法，可以稱之為「八面受敵」。「八面受敵」是一種多層次的閱讀。「八面受敵」的方法中，一定包含了另外幾種方法的同時使用。
這種方法，不是拿來讀八卦雜誌的。這種閱讀方法，第一，拿來讀一般人覺得複雜又深奧，看來頭都昏了的書，是最好用的；第二，拿來當主題閱讀上使用，也是最好用的（請參閱後文〈主題閱讀沒那麼深奧〉）。

我們需要交叉使用「不求甚解」、「觀其大略」、「熟讀精思」、「八面受敵」幾種不同的方法來讀不同的書，或同一本書在不同時候用不同的方法。
怎樣閱讀一本書，就是怎樣用適當的速度和方法來閱讀一本書。

要讀一本書，就要能對閱讀的方法有各種層次不同的掌握，這是我的推薦。（作者：艾德勒與范多倫／譯者：郝明義、朱衣／臺灣商務印書館出版）

怎樣閱讀一本書：艾德勒和范多倫的方法

「基礎閱讀」、「檢視閱讀」、「分析閱讀」、「主題閱讀」的四個層次。

在閱讀的方法上，我自己受到影響最大的一本書，就是前面所提到的《如何閱讀一本書》。

這應該是每個閱讀的人都該讀的一本書。內容很豐富，種種有關閱讀的觀念和方法，層層邏輯推演，不厭其煩地細部說明，只能自己去讀，我沒法一一說明。

但這裡可以光就其中「閱讀方法」的部份，歸納出我認為的幾個重點，給沒有讀這本書的人當參考。

《如何閱讀一本書》談到了四個層次的閱讀方法：「基礎閱讀」、「檢視閱讀」、「分析閱讀」、「主題閱讀」。

這本書特別強調這是四種閱讀層次。因為層次是每一個上層都包含了底下的層次。所以「檢視閱讀」包含了「基礎閱讀」的層次；「分析閱讀」包含了「檢視閱讀」和「基礎閱讀」的層次；「主題閱讀」又包含了前頭三個層次。

基礎閱讀：相當於識字階段的閱讀，指的是怎麼解決對文字的起碼理解能力，因此一般都是在小學階段就學會的。但是不要因而小看這個層次的閱讀法，因為即使是成年人還是不時會回頭用到這種閱讀法。譬如看到陌生的外國文字的時候，就需要。

檢視閱讀：在一定時間內，快速掌握一本書大意的閱讀。比較像是前面談到的「觀其大略」的方法。不利用這種閱讀法的人，拿到書連目錄都不看就一頭栽進去，往往在一些不值得那麼用力閱讀的書上浪費太多時間。

分析閱讀：深入了解作者的意圖，掌握全書的大綱，並懂得找出作者使用的關鍵字與他進行溝通。比較像是前面談到的「熟讀精思」的方法。換句話說，就是怎麼把一些值得投入無限時間閱讀的書，盡可能地細嚼慢嚥。

主題閱讀：也可以稱作比較閱讀。針對一個主題，同時閱讀好幾本書，就不同作者之間的意見進行比對與辯證。或者，倒過來，能在許多不同的書籍之間讀出一個它們彼此相關聯的主題，儘管這個主題或許並不是每一本書裡都提到。

這裡頭，「檢視閱讀」和「分析閱讀」可能是我們在平日最常用到的。

「檢視閱讀」之重要，就是在和一本書相遇的時候，如何有辦法以最經濟有效的速度來了解這是一本什麼樣的書。

「分析閱讀」之重要，則在於如果讀者真正覺得一本書重要，如何可以真正讀到把這本書完全吸收，「一直讀到這本書成為他自己為止」。

所以，歸納作者認為的「分析閱讀」的重點如下：

1. 要盡快知道自己手裡拿的到底是哪一類的書，尤其如果是非小說類的話。作者說，這件事情的重要，就好像你進了教室總要先知道這是上地理課還是數學課。

這本書收集了中外許多人談讀書的文章。給了我很多的參考。（編者：《博覽群書》雜誌／九州出版）

2. 要能夠透視一本書的架構。所以要能夠以列出大綱的方
   式掌握住全書的內容。

3. 找出作者在這本書裡使用的關鍵詞彙，掌握他使用這些
   詞彙的準確意義，和他達成共識（come to the terms），
   掃除他有意或無意利用這些詞彙所造成的迷霧。

4. 判斷作者寫這本書的宗旨，並且能公正地評斷，表達自
   己的同意或反對。

《如何閱讀一本書》的精彩，遠不止於我在這裡說的，值
得每個人一讀。

主題閱讀沒那麼深奧

任何閱讀的發生，都是基於好奇。但是好奇，有深淺之
別。主題閱讀就是最強的好奇刺激起來的。

艾德勒談到閱讀的四個層次中，最高的是「主題閱讀」。
提到「主題閱讀」，我聽過兩種反應。一種是太簡單化，
一種是太複雜化。
簡單化的人會認為，任何閱讀都有主題，甚至任何一本書
也有主題，所以「主題閱讀」也就是閱讀。
複雜化的人，則可能是被「主題閱讀」的英文 Syntopic 嚇
到了。總好像這是一種很高段的閱讀層次，非自己能力所
能企及。又好像這是一種需要很深奧的閱讀技術或方法。
連艾德勒本人都說這是閱讀四個層次中最高的一個，所以
如果連前三種都摸不太清，這當然是很遙遠的一種閱讀。

主題閱讀，是針對一個題目所產生的強烈的好奇心所推動的，讓我們
迫不及待地想聽聽各個不同的作者，對這個題目各有什麼說法。

但，如果換一種說法來解釋，「主題閱讀」也許可以很方
便地理解，也可以很平易地接近。
由我來說「主題閱讀」，這是「由於某個問題或疑惑激發
你強烈的好奇，而同時閱讀許多種書籍，參考許多資料（
今天當然包括網上的資料），有能力找出一個答案」。

所以，「主題閱讀」至少包括兩個要件：
第一、你要有「某個問題或疑惑激發你強烈的好奇」。
第二、所以，你要「同時閱讀許多種書籍，參考許多資
料，有能力找出一個答案」。

這麼說就可以知道，兩個條件裡，其實第一個條件「強烈的好奇心」才是最重要的。

或者，因為對一個問題的強烈好奇驅動，迫使我們來不及只聽一位作者敘述他的觀點，一定要趕快同時邀請許多其他的作者也來陳述他們不同的意見。

或者，因為我們聽某一個作者敘述他的觀點時，覺得不夠明白（而他又基於這個理由或那個理由沒有講清楚），或是不同意他的觀點，所以我們不能不趕快尋找其他的作者，聽聽他們的意見，來幫助解決這個疑惑，或者證實自己的看法。

同時跟許多書籍的作者對話，是「主題閱讀」之成為「主題閱讀」的面貌，然而其根由，卻是那對某一個問題的強烈好奇心。沒有對某一個問題的強烈好奇心，後面的事情不會發生。

任何閱讀的發生，即使只是讀單一本書，都是基於好奇。但是好奇，有深淺之別。

因為同時要聽好多位作者談話，所以一定要同時動用到許多不同的閱讀方法。不然，你可能只忙著聽這個人的，漏了聽那個人的；或者，聽了很多人的，但又什麼也沒聽進去。

你自己有一天突然對一件事情，一個現象，一個問題，產生了懷疑、產生了好奇，於是開始想要去找東西來閱讀，這種好奇是最強的。

最近你聽說了什麼什麼書熱門，老闆談，同事談，成了每一個人的話題，因此你也受到影響，覺得自己如果不看一下就落伍了，所以也很好奇地買一本來看，這也是好奇，但是沒有第一種好奇那麼強烈。

至於你到書店裡，突然看到你很喜歡的一位作家的新作上

市了，你毫不考慮就買下一本，那裡面雖然也有你對他新作裡到底表達些什麼的好奇，事實上你對這個作者的認同與喜愛，應該更超過你對他作品的好奇。這裡面有好奇，但是相對而言，是三種好奇裡最淡的一種。

所以說，買書或閱讀，總和好奇有關，但好奇的深淺還是有別。

主題閱讀，通常都是由於第一種最強烈的好奇而引起的。

你一下子對一個問題產生了極強烈的好奇。正因為你不是因為對一本書的書名，一個現在流行的話題感到好奇，而是因為一個「問題或疑惑」刺激起強烈的好奇，所以，這種好奇是沒法從光是閱讀單一本書而獲得解答的。

由於接近飢渴的好奇，而開始搜尋各種書籍與資料，是「主題閱讀」的必需。

然而，光是這樣還不夠。搜尋各種書回來，從網上抓各種資料回來是一回事，有沒有閱讀，如何閱讀，以及有沒有能力掌握閱讀的重點與效率，以至於最後找到可以讓自己滿意的答案，則又是另一回事。

正因為要同時閱讀這麼多書和資料，所以你必須明白哪本書是你要全書讀完的，哪些書是可以先只讀一個章節的，哪些書是可以先讀一個段落，哪些書是可以先放到一邊去。在網上查的資料，你也要明白哪些只是引向其他線索的雜訊，哪些是書籍裡也不及收錄的新發現與新資料可以最先或最後來讀。

這裡面，需要交叉使用多種閱讀方法。這可以是前面中國文化系統裡的「不求甚解」、「觀其大略」、「熟讀精思」、「八面受敵」等方法的交互使用，也可以是艾德勒和范多倫所說的「基礎閱讀」、「檢視閱讀」、「分析閱讀」、「主題閱讀」之交互應用。

這些方法，有助於你在搜集來豐富的閱讀線索後，不至於被眾多的線索所糾纏，或者造成更大的迷惑，並且在一定的時間內，找到你可以滿意的答案。雖然艾德勒說他們講的四種方法有不同的層次，但我認為不要被「層次」的說法所嚇阻。

層次，是一種說法。層次的提升，可以是漸進的，但也可能是跳躍的，突破的。在閱讀方法的這件事情上，強烈的好奇心，正是一個可以形成跳躍與突破的最大動力。

跳躍與突破的點，正可以由最高層次的「主題閱讀」來切入，然後回頭掌握其他層次自己還不熟悉的方法。——只要你有一個夠強烈的問題或疑惑可以刺激出你足夠的好奇心。

主題閱讀，是一個需要「整款」時間閱讀的最好例子。

根據我個人的經驗，當我開始一個主題閱讀的時候，自己的好奇動力就會驅動所有的「零錢」時間都用來閱讀帶在身邊的書或資料——會議與會議中間多出了一點時間，趕快讀；晚上回到家坐上飯桌就拿出來，趕快讀（真不是個好習慣）。這會使有些人覺得「自己真的有那種衝動想去吸收，真正的想帶給自己一種感動，閱讀是不該被規範時間的」（一位中學生和我談話時說的）。

可是，就我的經驗，要想把一個「主題閱讀」真正追尋到一個段落，光靠這些零錢時間是遠遠不足的，必須有「整款」的時間，持續的「整款」時間。而之前就說過，持續

的「整款」時間，必須靠強烈的自我紀律才能做到，像陳原先生那樣。

「主題閱讀」可以是生活裡輕鬆愉快的任何一個主題。你很喜歡《哈利波特》，知道裡面那些飛天的掃把。要不要針對「掃把是怎麼飛上天的」這個題目，來一段你的主題閱讀之旅？

做筆記的方法

有了筆記的書，是我們另一個大腦。

我們的記憶既然無法保存那麼多，所以回頭溫習一些書是很重要的。因此有人會認為應該做筆記，有助於日後快速從記憶中重新召喚出來。

說筆記，有很多地方可以寫，紙條、筆記本等等，但是也有人認為最好的地方是在書本本身的字裡行間。

但是除了不捨得之外，因為很多書每次看都有不同的感受與心得，所以也有人認為應該不要筆記，這樣將來重讀的時候，才有助於當一本新書來接觸，有新的體會和發現。約翰‧厄斯金（John Erskine）說：「我再次讀到這本書時，畫線的地方會使我想起第一次閱讀時的感想，就很難有新的發現與啟示，倒是不畫線時會使人產生新鮮的感覺和印象。」所以他的習慣是在閱讀時做索引。

我兩種論點都贊成。所以，第一遍讀一本書的時候，是在書上直接做筆記。有些書做了筆記之後覺得真好，就再買一本，放在書架上，留待他日有一次嶄新的重逢（這時候，也會再多買一本，送給朋友。所以，有些書是應該買三本的）。

至於有些海內孤本的書，一些得來不易的書呢，那我就先去影印一本。在影印的那本上做筆記，原書則保留。

書後，常有索引。索引，很大程度可以說是作者給你列的一個筆記。提醒你這些筆記的重點，可以在哪些哪些頁找

到。但是,「各人有各自的注意點,普通的檢目,斷不能如自己記別的方便。」蔡元培說。

「在一部書後面寫上閱讀完畢的日期和我的一般評論,至少讓我回憶得起閱讀時對作者的大致想法和印象。」蒙田說。

胡適談讀書要四到:眼到、口到、心到、手到。其中,他說:「發表是吸收智識和思想的絕妙方法。吸收進來的智識思想,無論是看書來的,或是聽講來的,都只是模糊零碎,都算不得我們自己的東西。自己必須做一番手腳,或做提要,或做說明,或做討論,自己重新組織過,申敘過,用自己的語言記述過,——那種智識思想方才可算是你自己的了。」所以他是除了在書上摺角和用鉛筆做記號之外,另做筆記。

胡適的這段話把筆記的作用說得極為清楚。

做筆記,不只是為了方便日後重新召喚自己的記憶,很多時候也是為了當下的理解。譬如,北宋的張載說:「心中苟有所開,即便劄記。不則還塞之矣。」

把自己的體會,趁著熱騰騰的時候趕快寫下來,固然是一個原因,我自己感覺到的另一點是,如果真的是很深的體會,倒不怕消散,怕的是一些聯想。某些聯想,正好在那個時候才有,所以不能不快點記下來。

我很相信「韓信將兵,多多益善,處理筆記之法亦猶是也」的說法。古人有裁篇別出之法、重複互註之法、散葉法、索引法,現代行動載具、電腦、網路這麼方便,我的方法大約是下面幾種交叉使用:

一、直接記書上。這一類的筆記，主要有三種：

1. 深感啟發的記號，譬如「！」，及心得。

2. 作者只起了一個頭，覺得需要後續。去別的地方追蹤的地方，譬如「□」。

3. 覺得看不明白，待下次再來收拾的記號，譬如「？」。

4. 不同意作者的論點的記號，及反駁，譬如「X」。

二、有些筆記要很快或馬上追蹤的，記在隨身的手機上。

三、有些話長了一點，則記在小筆記本上（紙本的筆記本，可以讓你比較快速地用潦草的筆跡記心得）。

四、最後，把二和三類的筆記 key 進電腦。特別心愛或重視的第一類筆記的段落，也 key 進電腦。這些進了電腦的資料，從網路上再追查起來就方便了，而再接下來的筆記也就都直接在電腦上處理了。

行動載具、筆記本、電腦上，雖然都有筆記，但是最終，書上你自己直接用那些潦草筆跡做下的筆記還是有最不同的意義：

「經你標記的一本書即等於你的一部最富智慧的日記；而你把它借出去，無異把自己的心靈拋棄……那書上包含著你自己的見解與評論，這些正如你的頭與心臟是屬於你身體的一部份一樣，是萬萬不能借人的。」艾德勒說。

我信奉他的這個說法。

有了筆記的書借給別人，讓別人看進你大腦事小，萬一搞
丟了你的大腦，可就事情大條了。

怎樣算是讀懂一本書

越明白的事情，越應該可以簡明扼要地說出來。

把書讀過了，不等於把書讀懂了。

在書上做了筆記，電腦上做了筆記，也不等於真的讀懂了一本書。

那要如何判斷自己是否讀懂一本書？

我的體會是這樣的。

讀書是一個對話過程，作者與讀者的對話。

讀懂一本書，也就是讀者明白了作者跟他最想說的話是什麼。

怎樣才算明白作者最想說的話是什麼，因人而異。不同的人，可能產生不同的體悟與懷疑，所以，不用理會別人的意見，最重要的，就是我們自己能不能講得出這些事情。講得出來，才有可能跟別人印證，看看別人懂的又是什麼。

總之，讀懂就是讀明白。越明白的事情，越應該可以簡明扼要地說出來。雖然一些思想結晶的經典，作者想要說的事情濃度很高，可以稀釋出來的東西也很多，所以顯得複雜，但是如果無法簡單地說出來，就是還沒讀懂。

說得出來的意思是，不能看筆記，要能夠自然而然地就把這些事情講出來，還可以寫出來。

所以，檢查我們確實知道作者說了些什麼，就要自己可以講得出、寫得出幾件事情：

216

一、用一兩句話來說明這本書的主要內容；

二、我們體悟到什麼啓發；

三、從這些啓發，接下來想繼續追蹤了解的是什麼；

四、講得出來什麼地方看不明白；

五、講得出來不同意作者的哪些地方，並可以指出他講得
　　還不夠的有什麼地方。

練習做這件事情，尤其是對非小說類的書，至少有兩個好
處。一個是檢查一下自己的閱讀五力情況如何；另一個是
很自然地就把這本書最核心的重點記下，不會忘記。

記憶與 CPU

我們要先把大腦組裝成最強而有力的 CPU，才能善加利用網路時代所有便利的記憶工具。

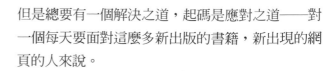

「要求讀書人記住他所讀過的一切東西，就像要求一個人把他所吃過的東西都儲存在體內是一樣的荒謬。」叔本華說。

複誦，是最早的記憶輔助動作。
繪畫，最早的記憶外掛。
文字，使記憶的單位濃度暴增。
書籍，使記憶方便收納。
錄音，記憶延伸到聲音。
攝影，記憶延伸到影像。
電腦，可以多有一個他「腦」。
網路，記憶連接記憶。

我們總是想用更強大的記憶來料理閱讀，但也總是被更廣泛的閱讀淹沒我們的記憶。不論是個人，還是人類，都是如此。

但是總要有一個解決之道，起碼是應對之道——對一個每天要面對這麼多新出版的書籍，新出現的網頁的人來說。

不妨回到記憶的本質來思考。

什麼是記憶的本質？
亞里士多德早在《論記憶與追憶》（*On Memory and*

218

Reminiscence）中，就回答了這個問題。

亞里士多德的論點可以歸納如下：

一、所謂「記憶」（memory），隱含著一種對時間流逝的認知。
二、因此所有有能力認知時間流逝的動物，都有 memory，也可以 remember。
三、但是動物之中只有人類，不但有能力可以 remember，還可以 recollect。
四、人類之中，擁有大量 memory 的人並不等同於善於 recollect 的人。通常，擁有大量 memory 的人，心思比較遲緩；善於 recollect 的人，心思比較靈活。

把筆記本編號排好，可以有些記憶的假象來安慰自己。

亞里士多德的觀點中，最重要的是點出 remember 和 recollect 的不同。這兩個字雖然也是英文的翻譯，但畢竟表現出亞里士多德想要說明的差異。而用中文翻譯起來，兩者如果都譯為「記憶」的話，顯然是沒法用同一個詞彙來解釋兩者的差異。

動物之中只有人類，不但有能力可以 remember，還可以 recollect。人類之中，擁有大量 memory 的人並不等同於善於 recollect 的人。

Remember，只是在某種刺激之下，記憶中的事物從潛藏中重新浮現出來。但是 recollect，則隱含了把需要記憶的事物，仔細收集（collect）妥當，然後在需要使用的時候，重新召喚出來使用，因而也就是 "recollect"。
用中文來翻譯，remember 接近「（自然的）記得」，recollect 接近「（有整理的）記憶」。

這麼說來，我們就知道，在各種外掛記憶載具如此多樣

的今天，在各種數據、資訊與知識以各種媒體充斥於我們四周的今天，我們對於記憶，最重要的焦點，不在於如何 remember，而在於如何 recollect ──而要懂得如何 recollect，當然就得先要知道如何 collect。

所以，我們倒可以把自己唯一的大腦，以及數不清的外掛記憶載體，從筆記本到手機到平板到電腦到隨身碟到雲端儲存空間，一次攤開來在眼前，好好思考如何使用其collect 與 recollect。

首先我們要想的，還是如何使用自己的大腦。先把大腦的作用定位，其他外掛載體才好各就各位。
由我來說，我會認為有了這麼多外掛記憶載體，大腦不需要記憶太多事物以供 remember，但是大腦必須記憶夠多的事物以供自己有能力去 collect 與 recollect。
大腦的組織能力越夠清楚，越夠系統，就越能夠 collect 他需要收集的數據、資訊與知識，然後分辨應該收納於自己的大腦之中，還是外掛的載體之中。同時，也越能夠在需要的時候再從相關的位置中 recollect 出來，重新取用。
套用電腦的說法，就是我們要先把大腦組裝成最強而有力的 CPU，之後，才能善加利用科技發達到網路時代，所有便利的工具。外掛記憶體與外存硬碟的型態，這時才多多益善，相得益彰。

考試教育，訓練我們把大腦中最珍貴的 CPU，當硬碟來使用了。所以，記憶的事物越多，只是形成越多的浪費。

但是我們經歷過的學校教育，尤其中學教育，卻沒有讓我們如此定義、訓練、使用自己的大腦。如前所述，我們的學校教育，放棄了閱讀的五種力量，強調的都主要是「記

憶力」（尤其是文字方面）的呈現。換句話說，我們一直把大腦中最珍貴的 CPU，當硬碟來使用了。

如果沒法善用 CPU 和內建記憶體及硬碟空間的差異，等同用之，混同用之，那外掛的載體越多，反而可能只會製造越大的混亂。記憶的事物越多，只是形成越多的浪費。

如此，我們的大腦沒法適當地 collect 我們應該閱讀、記憶的東西，更別談如何再 recollect 它們。用漿糊來形容這樣的 CPU 和記憶體及硬碟關係，並不爲過。

從古希臘人到利瑪竇的西方記憶祕術，都在這一本名著之中。
（作者：法蘭西絲・葉茲／譯者：薛絢／ 大塊文化出版）

「讀書是要清算過去人類成就的總賬，把幾千年的人類思想經驗在短促的幾十年內重溫一遍，把過去無數億萬人辛苦獲來的知識教訓集中到讀者一個人身上去受用。」朱光潛說。

即使在他那個年代，他還又進一步說了方法：
「如果不能儲藏，過目即忘，則讀亦等於不讀。我們必須於腦以外另闢儲藏室，把腦所儲藏不盡的都移到那裡去。這種儲藏室在從前是筆記，在現代是卡片。記筆記和做卡片有如植物學家採集標本，須分門別類訂成目錄……它不但可以節省腦力，儲有用的材料，供將來的需要，還可以增強思想的條理化與系統化。」

過去的人，對閱讀都有這樣的氣魄，在一個以雲端儲存空間爲代表，各式記憶工具可以如此方便爲我們所用的時代，我們更不能不有一個越界閱讀又越界儲存的認知。

但是，在我們沒有釐清大腦這個 CPU 的作用之前，記憶與閱讀，永遠是我們所豢養的一隻雙頭同身、相互吞噬的怪物。

如何使用實體和網路書店

實體與網路書店之所以能互補，必須將「市場」、
「棒球場」和「圖書館」三個區域統合起來看。

閱讀是飲食的話，書店就是銷售各種飲食的超級市場。為
了方便覓食，所以需要知道如何使用。

走進任何一家書店，不論大小，不論是實體的還是網路
的，都有三塊區域。

第一個區域，陳列新書，和一些特價促銷的書。
第二個區域，陳列排行榜暢銷書、（各種名目的）特別推
薦書。
第三個區域，其他不在上述兩類書籍之內，通常出版又已
經有段時間的書。

即使是同一家書店，裡面也有性質大不相同的三個區域。進這三個
區域，要戴上三副不同的眼鏡。

就實體書店來說，新書和特價促銷書區就在離大門口最近
的那個平台區。排行榜及其他推薦書區，分布在周近。其
他的書，則上了書店四周壁面的立櫃。

就網路書店來說，新書和特價促銷書區也在首頁最顯眼的
地方，排行榜及其他推薦書在那附近，其他的書，則隱藏
在資料庫裡。

所謂大型綜合書店，就是三個區域的面積都很大，書種都

很多。並且三個區域陳列的書種有相當明顯的差異。

所謂小書店，就是面積不夠，在三個區域的分配不得不有所取捨。所以很可能是新書及特價促銷書區及推薦書區混在一起，然後有一點小小的立櫃區。

有關書店的一個動人又迷人的故事。（作者：海蓮・漢芙／譯者：陳建銘／時報出版）

所謂中型書店，就是三個區域的分配，介於大型綜合書店和小書店之間。

所謂專門或特色書店，就是這三個區域陳列的書種，都集中在某一類主題上。尤其，儘管店面面積也許不大，特別重視立櫃區的書種陳列。

至於便利商店或量販店裡賣書的區域，主要就是強調新書和特價促銷書的陳列。

　　走進新書及特價促銷區，你得當走進市場來看。小心魚目混珠。

怎麼使用書店，就是知道走進不同的書店，該怎麼觀察、使用這三塊不同的區域。
這三塊不同的區域，有著三種不同的面貌。
新書和特價促銷書區，是個喧鬧的市場。
推薦書區，是個熱鬧中有節奏的棒球場。
立櫃區，是個安靜的圖書館。
所以，即使是走在同一家書店裡，這三個區域表面上的裝潢和布置都一致，但是使用的人也應該準備三種不同的心情，或是說佩戴三副不同的眼鏡去看待。

新書及特價促銷書區，最爭奇鬥妍，每一種都正面展示自

己最動人的身影，製造各種動靜，希望引起你的注意。

要把這個區域當市場來看，有幾個理由。

一、提醒自己飲食有主食、美食、蔬果、甜食的區分，進了市場，買到籃子裡的東西樣式要多元一些，所以各種食材都看看。雖然各人有各人的口味偏好，但沒有人進市場永遠只買單一食材的，不是嗎？

二、想到是市場，就應該小心挑揀。不要只因為人家說魚是新鮮的，或看到魚是粉紅的，就以為是新鮮的。要自己看看是不是螢光劑的效果，思考有沒有農藥污染的問題。還有，去市場找一些當日的特價品是不錯，不過，和吃進去的東西的質感、營養和衛生比起來，我們不會只以特價為一切吧？

三、市場，是要經常去的。所以不要忘了為這個區域經常進一下書店。並且，常去，你就知道這家市場特別長於陳列、銷售哪類食材。

對了，出版社辦書展的區域，通常應該看作這一區。

看到排行榜和各種名目的推薦書，那是一個大棒球場。排行榜的全壘打固然好看，不要忘了還有其他安打、四壞球和高飛犧牲打。

書店有暢銷書排行榜，也有各種名目的推薦書。排行榜和這些推薦書，也許空間上就在新書和特價促銷書區周近，也許不是集中在一起擺放，而是四散在書店各處。將這個區域的內容，當成棒球場上的比賽內容看，比較好；當市場看，太喧鬧了。

看棒球，有各種門道好看。滿壘全壘打、全壘打、三壘打、二壘打、一壘打、四壞球，甚至高飛犧牲打、內野觸擊，各有各的作用與美妙（所以不論是身為讀者還是出版者的角度，我對排行榜一向沒有特別的排斥，也沒有特別的喜好。因為滿壘全壘打和全壘打的確很有意思，但，那不是棒球的全部）。

所以當我們看書店的排行榜和推薦書的時候，排行榜，像是推薦你看滿壘全壘打或全壘打；店長推薦書，像是告訴你，不要光看全壘打，這支二壘打也不錯；年度推薦書，也許有些是在提醒你漏看了某支精彩的犧牲打。

仔細看這家書店的推薦書（不是出版社自己的推薦腰帶），你會知道這個書店在提供你什麼樣的棒球比賽內容。有些書店專愛強調全壘打，看不到他們對一壘打與四壞球和犧牲打的重視，這裡的棒球就有些單調、枯燥。有些書店的全壘打書單上，有左打有右打有高的有遠的，是一回事；另一些書店的全壘打書單，十種有七種只是打紅中直球，又是另一回事。

所以，棒球場上還是熱鬧，只是熱鬧得要有節奏。否則，那又和市場有什麼不同？

書架的立櫃，可是圖書館的區域噢。要用使用圖書館的方法來檢查它。

書籍離開平台，離開了市場的喧鬧、棒球場的熱鬧，上了壁面的書架立櫃，不再以正面示人，只是側身站立在那裡，形成了書店的圖書館區，一個開架的圖書館。

我們去圖書館，就是希望了解幾件事：

這本書可以幫你遊覽各地的書店，也可以當作他日參訪的指南。（作者：鍾芳玲／大地地理出版）

225

一、這裡的知識門類到底有哪些？

二、門類整理得夠不夠清楚？

三、門類裡的品種夠不夠齊全？

四、方不方便我們找尋？

五、甚至，如果我們對這個門類陌生，這裡的收藏與陳列，
　　方不方便我們學習了解這個知識門類？方不方便入門？

一家大型的綜合書店與網路書店，當然五個條件都得具備，
但是對一個專門或特色書店，看三、四、五也就夠了。

至於針對某一個門類來細部判斷，各人有不同的方法，我把
自己檢查一個書店壁面書架的七個基本指標，整理如下：

1. 先用一個自己熟悉的知識門類來檢查。
　　譬如，哲學。如果你熟悉的門類的書種很不完整，當然
　　值得你懷疑其他門類是否也不完整。

2. 看這一個門類的書種陳列，是否有一個連貫的年代時序。
　　譬如說，西方哲學類的書，有柏拉圖和亞里士多德，但
　　是接下來一下子就跳到笛卡兒，中世紀及笛卡兒之前的
　　都不見。時間序列少了這麼一大塊，當然表示這個領域
　　不完整。

3. 某一個作家的同時代人的作品，是否夠多。
　　有柏拉圖和亞里士多德，希臘時期的其他哲學家的作品
　　是否也有陳列。

4. 同一個作家，他的其他作品，是否夠多。
　　有柏拉圖的《理想國》，是否其他的對話錄也都有陳列。

5. 同一種書的複本多不多。

226

如果同一種書重複擺了超過兩冊以上，表示這家書店並不很重視書架內容的多元及豐富。

6. 有沒有多年前出版的書。

書架上全是新書，不是什麼好事。隨意抽幾本書檢查一下版權頁，看是何時出版的。有些出版十年以上的書，表示這家書店真的樂意在書種的齊全上投資。

7. 設一本檢查書。

在這個門類裡，設定一種你自己很喜歡，或者認為很有意思、但不見得是很為一般人熟知的書，當作檢查書。看書架上有沒有這本檢查書，來判斷這個門類的書種是否陳列得夠齊。

就書店裡面三個區域的功能來說，網路書店和實體書店各有所長，正好可以互補。

網路書店一如實體書店，不論頁面多少，還是分「市場」、「棒球場」和「圖書館」三個區域。

就像前面說的「網路」與「書」可以如何交叉互補，「網路書店」與「實體書店」之間，也是交叉互補的。

「網路書店」與「實體書店」之所以能互補，必須將「市場」、「棒球場」和「圖書館」三個區域統合起來看。
實體書店越是只注重「市場」區域，越難和網路書店互補。
實體書店多注重「棒球場」區域，如果只是注重一些紅中直球的暢銷書排行榜推薦，還是難以和網路書店互補。
實體書店只有在真正把「圖書館」區域的作用發揮起來的時候，才能結合其他兩個區域，和網路書店發生交叉互補

我的書店經驗

台大一年級的時候，我住校總區的十一宿舍。

從十一宿舍去總圖，正好是和新生南路平行的一條校園內的大道。大道的一邊是體育館，另一邊則是一大片運動場。運動場上，隨時有人玩著各種球類活動。最引人注目的，則是嘶喊聲不斷的橄欖球員。

那是我隻身來台灣的第一年。談不上什麼思念還在韓國的家人，不過，從圖書館出來，撐著拐杖走在那條回宿舍的大道上，不時駐足休息一下，望望傍晚天上的雲彩，偶爾也會有些異樣的心情。

年輕的時候，走那點路算不了什麼，可是比較麻煩的，是去圖書館借的書。不知怎地，我沒用過跨肩背的背包，總是喜歡用手提的包。所以，撐著拐杖又要手提一個裝了好些書的包，就十分吃力。當時去國際學舍的書展買書，每次都有一個同寢室的牙醫系朋友陪我去，買多少書用自行車載回來都不是問題。但是這日常要去的圖書館，經常要自己行動，就成了很實際的一個苦惱。當時身障者使用圖書館的不便，不只這一點，但卻是印象最深刻的一點。

另一個更遺憾的，在舊書攤和舊書店。

去久聞其名的牯嶺街，舊書攤是要蹲下來，舊書店裡是要攀高鑽低的，才能找尋寶貝。而撐著拐杖去了再一次，就真的不再去了。多年後，去紐約，儘管像 STRAND 那種舊書店說起來對身障者已經很方便，我自己也坐著輪椅進進出出，但是裡面那些高高的書架，仍然是很大的挑戰。所以覺察到，身障還真的就是會限制到自己和一些舊書接觸的機會。

我這些感慨和遺憾，一直到網路書店興起，尤其是搜尋舊書的網路系統出現後，才得以紓解。已成絕響的 1911 年第 11 版《大英百科全書》，我就是在網路上買到的。一個搜尋舊書已經自成一家之言的朋友曾經失之交臂，引以為憾的一本書，我也是在網路的舊書店裡找到，送給他當禮物。他打開後的驚喜表情，更是我難以忘懷的。

網路沒有出現之前，不論是找尋舊書來收藏，還是尋覓書中的內容，每個人都受到許多條件的限制與拘束。網路出現，則提供了許多風馳電掣、無遠弗屆的插翼跑車。對我來說，感受尤其深刻。

的作用。

可能有人會提問：網路書店的資料庫裡儲存的書籍及介紹那麼多，正好在「圖書館」區域是勝過實體書店的利基啊，怎麼會交叉互補？

我會回答：因爲我們對「圖書館」的需求有基本特質。

我們對「圖書館」需求的基本特質有三。
第一個需求，想找一本我們知道書名、手邊卻沒有的書。
這種情況，網路書店發揮的作用最快速也最明顯。就這一點來說，實體書店比較弱。但是實體書店可以從另外一個極端來彌補：在實體書店可以邂逅原來完全不知書名也沒想搜尋，但一翻之下卻大感驚喜的書。

第二個需求，想找一本我們有某種需求、但卻不知如何找起的書。
如果用關鍵字去搜尋，網路書店有時候會發揮令人驚奇的作用，有時候只會令人莞爾。實體書店如果有適任又熱情的店員，會發揮令人驚奇的作用，否則就幫不上忙。

第三個需求，想從一本書之後，多了解其他相關的書。
網路書店可能讓你看到一個其他人購買過的參考書單。但這種參考書單有兩個問題。一、其中有些可能相關，有些不然；二，很多書其中的關聯還是很模糊，只憑網頁上的一些介紹遠遠不夠。
然而，一家實體書店的圖書館區的分類書架，在準備得充分的前提下，這時卻可以提供不同的服務。因爲分類書架上的書，是我們可以站到書的面前，自己拿下來，或有意或隨意地自行翻閱。不只是看封面，不只是看目錄，不只是網頁上提供的那幾頁摘文。這就可以和網路書店互補。

排行榜，可以看成棒球場上會打全壘打的高手。榜首的，可以看作是滿壘全壘打。排在後面幾名的，起碼也是單發全壘打。

這些或者插了小旗子，或者加了小貼紙的書，也許是暢銷程度雖然沒上排行榜，但是也算不錯的，可以看作是一壘或二壘安打的書。另外，也可能是雖然目前銷售狀況不好，但是書店希望特別提醒你注意的，可以看作是那些在全壘打牆邊被接殺的高飛球。看棒球，不能光顧著看全壘打，也要懂得欣賞這些球。

要特別注意這些環繞書店四周的立櫃。

上了書架立櫃的書，因為是立起來，不再有放在平台上正面展示的機會，所以有些人會說這是「站衛兵」，有點貶義詞成分。但是一個書店真正的生命，在這些立櫃上。這些立櫃的內容豐不豐富，才是決定這家書店精不精彩的關鍵。要了解一家書店，不能靠市場區的熱鬧，要看圖書館區──市場區的熱鬧，是一些大商場的圖書區就能做到的事。

這就是「新書及特價促銷區」，通常都在書店門口附近，是黃金地段。也因為是黃金地段，一旦銷售情況不太好的書，很快就要撤走。所以要經常去看看。經常看，但是要小心地挑選，因為許多內容模糊、但是包裝得漂漂亮亮的書，也混在這裡頭。

231

事實上，每一家書店（不論是實體還是網路），最終都要把自己的圖書館角色與功能扮演好。只有當讀者知道、樂意並習慣使用你這個圖書館的時候，他才不會只為「市場」區域的一些折扣喧譁而到處亂跑。

社會發展與書店

書店在一個社會裡的發展，也可以用飲食的環境來對照。

社會的飲食發展，可以分三個時期。

第一個時期，是飲食匱乏，無從選擇，大家只求維持基本生存的時期。

第二個時期，是飲食富足，開始山珍海味，大吃大喝的時期。

第三個時期，是超越富足，開始培養美食家品味的時期。

書店在一個社會裡的發展，也可以分成這樣三個時期。

第一個時期，是閱讀的環境貧瘠。讀者走進這時候的書店，看不到多少種陳列出來的書籍，往往連一些經典的閱讀，也都只能在風中悄悄地傳說。

第二個時期，是閱讀的環境開始開放。這時候的書店，好像脫離一個食物供應不足，貨架上零零落落的商店，走進一個全世界食品、食材都匯聚一堂的超級百貨商場。各種補充過去閱讀空白的書籍傾巢而出，各種爭奇鬥妍的新理論新主張鋪天蓋地，各個商家價格與促銷手段令人眼花撩亂，但其中也不免良莠不齊、魚目混珠的困境。

第三個時期，是閱讀的環境不但繼續開放，環境的品質也大幅改善。先進百貨商場裡的食材，不只在表面的種類上豐富無比，實際的品質也都普遍提升。書店不再只以折扣促銷為號召，而懂得把各式各樣的書籍，按照市場、棒球場、圖書館所應有的模樣，予以恰當的展示與介紹。讀者也對書籍內容的評價，以及自己閱讀需求的評估，都有相當的認識。書店和讀者之間，形成有來有往的溝通與互動，也相互提升。

買書的理性與感性

你可以有一百個理由來合理化你對書的迷戀，但，折扣的標籤一定不是其一。

統計起來，從西漢到清末，大約兩千年間所出版的書種，現存大約 15 到 18 萬種；從 1912 年到 1949 年期間，大約四十年間所出版的書種，在 10 萬種左右。

而今天，海峽兩岸三地一年出版的中文書種，起碼在 35 萬種以上（台灣約 4 萬種，大陸超過 31 萬種）。換言之，今天一年時間裡，一個華文世界讀者所要面對的新書書種，就超過過去四十年，也近乎相當於更早兩千年時間所留下的書種數量。

何況，今天一個讀者要閱讀的書種，又絕不只中文書，還有種種其他語文。

但是，欲望之所以為欲望，又是因為它永不會消失。

所以，購書總是我們的一個課題。

對這個課題，先講一個理性的建議。

一個星期，總要至少去一次書店。（有人可以一星期不去圖書館、棒球場，但總不能不去一次市場吧！）

去一次書店，總要至少買一本書。（有人去了市場卻要空手而歸的嗎？）

但是，最好不要買你不會立即閱讀的書。（有人把市場買回來的食材就此丟進冰箱，再也不加理會嗎？）

也許，你聽不進理性的建議。那我們就感性地想想吧。

人，是會迷戀物件的。書，也是物件。
從迷戀到痴狂，我們對物件的情緒，有著各種不同的層次。
所以我們對書也可以──一如我們對衣飾。
我們對衣飾的迷戀，可能是其穿著的實用，
可能是某種剪裁，
可能是某種顏色，
可能是某種質料，
可能是某個設計師的名字，
可能是某種品牌，
可能是某種高昂的價格，
可能是因為其炫耀，
可能是因為其深沉，

可能只是因為我們有個漂亮的衣櫥。
對於書，我們也可以如此。

書架和衣櫃，有些作用可能是相通的。

你可以有一百個理由來合理化你對書的迷戀，但，折扣的
標籤一定不是其一。
所以，我感性的購書建議，就是永遠不要去看那些打著戴
著折扣標籤的書。
它們，不該是你迷戀的對象。

卡爾維諾說你進了書店可能遭遇到的書，就沒提到這一種：
你未讀過的書
你不需要讀的書
為閱讀以外之目的製作的書

你打開之前已讀過的書——因為屬於寫下前已被閱讀的
種類
如果你的命不只一條，必定會讀的書（可惜你的日子
屈指可數）
你有意閱讀但卻得先行涉獵其他而不克閱讀的書
目前太昂貴，必須等到清倉拋售才讀的書
目前太昂貴，必須等平裝本問世才讀的書
你可以向人家借閱的書
人人都讀過，所以彷彿你也讀過的書
你多年以來計畫要閱讀的書
你搜尋多年而未獲得的書
和你目前在進行的工作有關的書
你想擁有以供需要時方便取用的書
你可以擱置一旁，今夏或許會讀一讀的書
突然莫名其妙地引起你好奇，原因無從輕易解釋的書
好久以前讀過，現在該重讀的書
你一直假裝讀過而現在該坐下來實際閱讀的書
作者或題材吸引你的新書
（對你或一般讀者）作者或題材不算新穎的新書
（至少對你而言）作者或題材完全不認識的新書

（摘自《如果在冬夜，一個旅人》／時報出版）

不論是為了書裡開場所談的
那些書店的比喻，還是其
他，這都是要讀的一本書。
（譯者：吳潛誠／時報出版）

有關書架與藏書

清理書架的時間與決心。

我對藏書這件事，遠不如對如何閱讀書、使用書感到興趣。所以固然也買一些書，但都是為了解決自己閱讀上的實際需求。可是儘管如此，書還是越積越多，積得家裡的空間被挪用、佔用。

中間搬過一次家。換了稍大一點的空間。但是空間才大了一點，進來的書就更兇猛，沒過多久，所有的空間都近於窒息狀態。捐出一些書，才剛可以喘口氣，馬上就又不知怎麼冒出了更多的書。
看來居住空間怎麼加大都不夠，何況，我很擔心空間再大了一些之後，又要被新冒出來的書所滿溢。
我想不出任何可以預防這個現象的方法，所以就一直萎縮於越來越多的書堆底下。
直到有一天，不得不清一下這些書。

那時我家人生病住院，為了讓她出院後家裡的空間寬敞些，我先是找了些同事來幫我清理了一些書，捐給一家圖書館。
但是仍然不夠空，我又找了幾位朋友來幫我清。那天傍晚時分我回家，卻看到一幅極其意外的景象。

幫我清理的朋友，說是在一個書堆裡，發現有三箱書被白

蟻蛀了，蛀成三個大白蟻窩。她給我看那三個黑袋子。那麼大的三個黑袋子，由於裡面的箱子都被蛀得很徹底，所以拿起來輕輕的。

那一天之後，我才真正決心重新面對這些書。於是全面清點，蛀了的扔掉，要捐出去的，要搬到辦公室的，要封存的，全面整理。

如果你想親睹一些愛書人怎麼處理他們的書，以及書架……（編著者：逛書架編輯小組／邊城出版）

我以為清理得夠徹底了。沒想到不久我家人再次住院，我必須在限期內找好一個新居，為了不讓書籍成為影響我找房子的因素，又再把書籍做了一次淘汰。

一年多之後，我從沒有想過自己家裡只有過去十分之一不到的書，就可以讓我這麼愉快。

也因此，當我有一天讀到這一句話時，就不禁微笑起來。「至少每隔二年得清理一下藏書，淘汰那些過時的沒有參考價值的讀物，毫不猶豫地把你不想再讀的書棄之如敝屣。」美國學者約翰·厄斯金說，「要是你清楚地看到這種淘汰過程將不斷繼續下去時，就會懂得如何把錢花在對你最有用的書上。」

世界上的書太多，你不可能盡有。所謂：「有當讀之書，有當熟讀之書，有當看之書，有當再三細看之書，有當必備以資查考之書。」（張其昀語）

這大概也就是我們對於一個理想的書架能有的期望了。

聽王強談他怎麼四尋心愛的書，是個享受。所以我就出版了又可以聽到他的故事，又可以看到他的文筆的書。（作者：王強／Net and Books 出版）

我的圖書館

圖書館可以滿足的書本需求。

有次看一張錢鍾書書房的照片，很驚訝於他的書櫃沒有多少書，跟他的學問與著作的豐富，完全不能相比。

我問和這位大學者相熟的人士。說的確如此，因為錢鍾書善用圖書館，所以他經常是搭公車去圖書館查閱資料。家裡的書，反而不是他的主力。

前面說過，因為行動的不便，圖書館其實是我過去很少使用的一個場所。

過去如此，這些年圖書館的無障礙空間都沒問題了，我又大都是使用網路，或借助同事去實際使用。所以圖書館，仍然是我很少使用的一個場所。

可以說，我和圖書館真是無緣。所以我對圖書館深刻的印象，也來得很遲。

2001 年，我參加倫敦書展之後，有一天下午去了趟大英圖書館是其一。那次經驗，讓我見識到圖書館的硬體建築，對一個身障者可以有多麼舒適；開架陳列與藏書查閱的交互使用有多麼方便，還對英文所謂的 Librarian 有了新的體會。

那天閱覽室裡出來一位中文室的先生、一位日文室的先生接待我。聽過我的需求之後，分別推薦了兩、三本書給我。

大英圖書館藏書之豐，不必多言。他們如果很輕快地指出幾萬幾千，或幾百種可能和我需要相關的書目，並沒有什麼了不起；或者，如果他們端出幾十種書給我，也屬正常。

我佩服他們只推薦兩、三本書。那不是草率，也不是武斷，而是一種對自己館藏圖書了然於胸的信心之中，還有著對讀者的體貼。體貼讀者從最方便的入口進去摸索一條閱讀的途徑。

Librarian，中文實在不該譯為「圖書館員」。

大英圖書館那兩位先生給我做的示範，讓我體會到圖書館不但是不會被網路所取代的，更會借助網路而出現新的生命與面貌。只是想到並不能經常來這所圖書館，不免有些遺憾。

我倒也另外找了些方法，來彌補這些對於圖書館的遺憾。

之一，是從此真正喜歡閱讀每一本書後作者所列的參考書目。每一本書的參考書目，都是作者為讀者收集的一個主題館藏。錯過這個，太可惜（讀參考書目，還是麥克魯漢〔Marshall McLuhan〕的最難忘，給你一種燦爛又內蘊的感覺，真的會聯想到銀河星系）。

一個文革時期的圖書館

大陸作家朱正琳，回憶他在文革那個閱讀最貧瘠的年代，曾經偷過圖書館的書：

偷書的好處不僅是有書讀，而且還讓我們大開眼界。——許多「內部發行」的讀物讓我們見著了，這才知道山外有山……時隔多年以後我才聽說，當時的「內部讀物」是分有等級的，行話稱為「灰皮書」、「黃皮書」……諸如此類。我們當時當然顧不得這許多，狼吞虎嚥地就讀開來，那行狀確實很像一群飢民突然闖進了一家高級餐廳。

（摘自《閱讀的狩獵》╱ Net and Books 出版）

這本書末所附的麥克魯漢的閱讀書目，真有令人炫目的燦爛之感。（譯者：汪益／臺灣商務印書館出版）

之二，則是玩一種遊戲。

我的假日活動，本來就是看電影和讀書。

近年來，除了讀書之外，則越來越沉迷於一種遊戲之中：

把一本我知道、手邊卻沒有的書，找出它在什麼地方。

把一本我有某種需求、但卻不知如何找起的書，找出一個輪廓。

找到了一本書之後，再去尋找其他相關的書。

沒什麼事情能比這更讓我沉迷的。

後來，有一天突然想到：

想找一本我知道、手邊卻沒有的書，

想找一本我有某種需求、但卻不知如何找起的書，

想從一本書之後，多了解其他相關的書，

這不就是圖書館在滿足我們的基本需求嗎？

於是才發現，圖書館的實體空間我雖然少去，但是我卻可以說是無日，甚至無時不在思考與使用我心底的一座圖書館。

這就是我的圖書館。

感謝網路。

小學生進了圖書館之後

香港作家梁文道的《弱水三千：梁文道書話》中，有一段對他小學時候圖書館的回憶。他說，當閱讀課老師把他們丟進一個小圖書館，關上門之後，他們一群小孩先是肆意翻弄架上的圖書，拿書本當武器互丟。累了就拿起那些被摧殘得破碎的繪本與童話，重組掉頁的故事和彩圖。但是，「看著看著，大伙們漸漸靜了下來，恍惚進了另一個世界；更準確地說，是離開了這間圖書館所在的此世。直到鐘響，老師進來呼喚，我才好像手術後的病人，麻醉藥的效力似去還在，呆呆地站起來和其他小朋友排隊走回教室。」

這件故事本身就是一個美麗的童話了。

Part 6
跨越七道階梯

金字塔理論的先決問題

胡適沒有講清楚的一句話

四千五百年前的埃及人，怎麼搬運重量 2.5 噸、4 噸、6 噸不等的三百萬塊巨石，建造出高達 136 公尺的古夫金字塔，眾說紛紜，一直是個謎。過去建築界的主張是，他們在金字塔正面築一道長斜坡，或是搭建螺旋狀斜坡。總之，是由外而內建造的。

2007 年，有一位法國建築師胡丹（Jean-Pierre Houdin）發表他歷時八年研究出的結果，主張古夫金字塔是由內而外建造的，推翻了過去的理論。他用電腦 3D 立體模擬技術設計繪圖，說明了自己理論的細節，也組了一支國際團隊，從次年開始實地勘查驗證這個理論。

胡適說：「為學要如金字塔，要能廣大要能高」。這是為學的一個理想境界，以及到了一個理想境界的人的心得。

但是對還沒能夠達到這個境界的人來說，就像是今天的人難以明白那麼雄偉的金字塔到底是怎麼搭建的，這個為學，或是閱讀的金字塔到底要如何搭建出這個重重疊疊的層次，也是一個謎。

為學要如金字塔，「又能廣大又能高」，但至少有一問題是很困惑人的：那到底應該是要先廣大，還是要先高？

其實胡適不是沒有提供祕方。在他談讀書的這篇文章裡，在導出金字塔的那兩句名言之前，還有這麼一段話：

「理想中的學者，既能博大，又能精深。精深的方面，是他的專門學問。博大的方面，是他的旁搜覽博。博大要幾乎無所不知，精深要幾乎推他獨尊，無人能及。他用他的專門學問做中心，次及於直接相關的各種學問，次及於間接相關的各種學問，次及於不很相關的各種學問，以次及於毫不相關的各種泛覽。」

胡適的金字塔理論，畢竟談的是「為學」。如果是對今天一個出了社會的人，或是在學校裡的少年人，如果不談「為學」這麼嚴肅的說法，而只是在談如何「閱讀」，這個理論能不能同樣適用？
當然適用。但是要先處理一個先決問題。

金字塔理論的開始，是「他用他的專門學問做中心」下手，次第及於「直接相關」、「間接相關」、「不很相關」的各種學問，最終是「毫不相關的各種泛覽」。
所以，要處理的先決問題是：我們怎麼先找到那個屬於自己的「專門學問」當中心。對一個普通讀者而言，如果不用「學問」這個字眼，起碼，是怎麼先找到自己的「專門閱讀興趣」當中心。
只有當這個問題解決，閱讀的金字塔理論才能為我們所用。

那怎麼找到自己的「專門閱讀興趣」？
如果你大學讀的科系是你自己根據自己興趣而選擇的，或是雖然並非如此，但是大學四年讀下來，你對自己的科系產生了濃厚的興趣，這個問題的答案就很清楚了，不需要另作解釋。
但如果不是，那就是下一篇文章要談的了。

第一條路或第一桶金

在密林中開不出第一條通往溪邊汲水點的路徑,一
切探索都持久不了。

置身於今天這麼多書籍、期刊、如此多網站、社群等等形
成的世界,如果要你形容自己的處境,會怎麼形容呢?
我的形容是:突然發現自己置身於知識的濃密森林中,對
東西南北的方向都搞昏了。

知識是一座密林,網路的出現,使得密林更加深邃。
一個想要探索這座密林的人,總免不了下列的挑戰:
一、能在密林中開出一條路。
二、能隨機地採擷些奇花異草,卻又不至於妨礙到自己的
開路工作。
三、逐漸能對這座密林的全貌有所了解。

這三件事情,一定要先做到第一點,也就是開出第一條路
,其他兩件才有可能。

開出了第一條路,自己的專門閱讀興趣才算是可進可退。在開出第
一條路之前,「博」,可能只是散漫;「專」,可能只是狹隘。

不論我們迷失在密林裡的哪個角落,總要先從自己的立足
點開始,理出一條通到某個汲水點的道路。
有了這第一條路,我們才真正有資格說自己想要,並且能
夠探索這座密林。
沒闖好這第一條路,我們在密林裡東奔西走,或是採集奇
花異草,只能說是瞎逛亂走。
瞎逛亂走,不是容易氣盡無力,就是原地打轉,根本走不

了多遠，探索密林的全貌不可能，想尋覓某一片樹葉也杳不可得。這時，就算有一台插翼的蓮花跑車，不是在密林裡沒有多少迴旋空間，就是不知道要開往什麼方向。

建立自己的專門閱讀興趣，就是在密林裡開第一條路。

怎麼建立你的專門閱讀興趣？
我的經驗是：

一、選一個自己感興趣的閱讀題目。
題目盡量不要大，譬如什麼哲學、科學、心理學的，而要小，譬如「做愛」、「飛機」、「咖啡」。
不知道怎麼選？
想想你印象中為什麼事情感性過，懷疑過，好奇過，夢想過。這些都可以是你的一個閱讀題目。

二、利用這本書 Part 3 及 Part 5 談的方法，針對你感興趣的這個題目，設法從書店及網路上列出一些你參考得來的書單，從中選出最想讀的一本書。
運氣好的時候，第一本就可能是關鍵的入門書。所謂入門書，就是會發生兩件事。第一，這本書會把你對這個題目的興趣像把火地燃燒起來；第二，你會飢渴地再閱讀這個作者的其他著作，或是他在書裡引介的其他書。
也很可能，你選的書都沒法勾起這種興趣。那就照著書單上所列的繼續讀下去。我的經驗是：不論想踏入任何一個陌生的知識領域，也不論運氣多差，最多選讀到第五十本書的時候，一定會過濾出那本入門書。不過，隨著越來越有經驗，越來越有心得，這種過濾的速度就會越來越快。越來越不靠運氣也能很快就找到自己的入門書（請參閱後文〈密林裡尋找一片樹葉〉）。
在這過濾、挑選入門書的時候，找到一家書種陳列豐富的

實體書店會極有幫助。因爲他們開放的書架可以讓我們方便地交叉使用「不求甚解」、「觀其大略」、「熟讀精思」三個方法來進行這種過濾（請參閱本書〈怎樣閱讀一本書：陶淵明、諸葛亮、朱熹和蘇東坡的方法〉）。

三、有了第一本入門書後，再擴展到三本。把這三本書利用「熟讀精思」、「八面受敵」的方法仔細閱讀。讀這些書，搭配著相關的網站，你自然會發現接下來更多還應該繼續閱讀的書目。
這些書目，和你在開始的時候只是泛泛地參考得來的書單是大不相同的。因爲之前的那些書目，都只是你聽來的，而現在這些書目，是你自己親自發現的。

四、不論是從一開始，還是到這個階段，還是在接下來的過程，都最好認識（至少）一位可以在這個題目上給你一點引路、印證的人。不時跟他請教一下。今天網路上的社群那麼多，不難找到這樣的人。

五、然後，照著第三階段發現的書目，讓自己實際讀過的書可以擴大到五十種書。當然，隨著每讀一本書又有新的發現，書目還會繼續變化。但就是讀到五十種。
這些書最好要涵蓋「主食」、「美食」、「蔬果」、「甜食」四個面向。
讀這五十種書，最好設定一個時間表。可以寬鬆些，但最好有。否則就會是永遠列在那裡的書單。

六、除了書籍之外，也盡可能地從網路上收集就這個題目有過的重要整理及討論資料。收集的時候，盡量從古至今，從中國到西方（及其他地區），包含你能使用的各種語文。

七、然後，寫一個筆記，把自己閱讀這個主題的整體心得整理出來（請參閱本書 Part 5 〈做筆記的方法〉和〈怎樣算是讀懂一本書〉所談到的方法）。

八、然後，到了要給自己驗收的時候。
你應該找一家自己最信賴的書店（當地沒有就去外地），或者重回自己經常使用的那家書店，來到他們的圖書館區，站到你集中精力閱讀的這個題目的分類立櫃之前，瀏覽一遍他們架子上的書種。使用〈如何使用實體和網路書店〉中檢查立櫃的方法，說得出他們立櫃的缺失在哪裡，少了哪些應該擺的書，以及為什麼。沒有這樣的書店，就找當初的引路人（或第三人）來印證一下。

接著，你要去找這個領域裡，大家公認當代研究最頂端的幾個人的最新文章或書籍，看看是否明白他們在談論的到底是什麼；還有，你所思考的，是否已經可以和他們交談。
這個時候，你知道，自己算是有了一個「專門的閱讀興趣」，好像在密林中開出了第一條通到了溪邊汲水點的路。

第一條路的比喻，也可以換為第一桶金。
財經新聞，每年都要回顧一下當年的富豪排行榜，榜上，一些新登場的明星尤其閃閃動人。
而報導裡提到這些新生的富豪，介紹他的財富如何快速累積的過程，不免會提到他的「第一桶金」。第一桶金，代表他賺到的第一筆大錢，也是他事業的真正起步。在他賺到第一桶金之前，再怎麼努力，辛苦有餘，回報不足。但是有了第一桶金之後，財富的累積則會加速擴張，左右逢源。會賺錢的人，都懂得錢滾錢的奧妙。而第一桶金，是可以讓錢滾錢的一個起步基礎。

世界性的富豪如此，環顧我們四周朋友裡會理財的人，也

莫不如此。過去，所謂「百萬富翁」，正是這個意思。

第一個「百萬」，是第一桶金。你有了第一桶金，才開始有一張入場券，可以進場參與錢滾錢的遊戲。

如同財富的世界裡，你在賺到第一個「百萬」或「千萬」之前的錢，都是談不上可供你理財的小錢、零錢，閱讀在擁有你的「第一桶金」之前，不論你如何「博」，可能只是散漫；如何「專」，可能只是狹隘，都算不得數的。

有了密林中的第一條路，或是第一桶金，才算是有了自己的專門閱讀興趣，或是胡適所說的「專門學問」。從這個專門閱讀興趣出發，閱讀的金字塔理論才逐漸使得上力。

第一條路沒開出來之前，你在密林中的探索，困頓不前之後，終究會力盡而竭。

第一桶金沒有賺到之前，你的財富累積，只是零星有限。

閱讀也是如此。沒有開出第一條路，沒有賺到第一桶金之前，你所有關於閱讀的熱情，只是假象；你所有關於閱讀的力量，只是虛幻。

「有目的」與「無目的」的相互作用

沒有開出第一條路之前，無目的的閱讀可能只流於胡亂的閱讀；有目的的閱讀可能只流於狹窄的閱讀。

閱讀究竟應該是有目的還是無目的，這些很容易說不清的問題，當我們在知識的密林裡開闢出第一條通往汲水點的途徑之後，就會豁然開朗，很容易明白這都是完全不成為問題的問題。

開了這一條路之後，我們已經不會在密林中迷路，所以，有餘暇也有心情張望四周的景致。不管是路邊的奇花，還是忽然閃過眼際，路外遙遠處的異草，我們可以自在地、沒有目的地收集了。

讓你會微笑的閱讀。
（臺灣商務印書館出版）

不但如此，隨著我們跨出原來的路徑的次數越來越多，某些足跡越踩越深，這些原來只是無意的跨步，可能又會形成新的蹊徑。

魯迅說過的一段話，最可以說明這時候有目的和無目的之間的相互作用：

「無論誰，在那生涯中，總有一個將書籍拚命亂讀的時期……在初學者，亂讀之癖雖然頗有害；但既經修得一定的專門的人，則發於那問題的亂讀，未必定是應加非議的事。因為他的思想，是有了系統的，所以即使漫讀著怎樣的書，那斷片的知識，便自然編入他的思想的系統裡，歸屬於有秩序的體系中。因為這樣的人，是隨地攝取著可以增加他的知識的材料的。」

所以，關鍵詞是「修得一定的專門的人」，也就是要先在密

林中開出第一條路，賺得第一桶金。沒有這個先決條件，無目的的閱讀，往往只流於胡亂的閱讀；有目的的閱讀，往往只流於狹窄的閱讀。

密林中的第一條路打通之後，只要把胡適所說的「學問」兩個字替換爲「興趣」，即使我們不是在做學術研究，只是一個想要探索自己閱讀的人，這時候也可以利用胡適的金字塔理論繼續前進了。

「他用他的專門興趣做中心，次及於直接相關的各種興趣，次及於間接相關的各種興趣，次及於不很相關的各種興趣，以次及於毫不相關的各種泛覽。」

這不是很實用的一個方法了嗎？而胡適對一個「學者」的期待，只要把「學者」替換爲「讀者」，不也就可以成爲我們自許的一個目標了嗎：

「理想中的讀者，既能博大，又能精深。精深的方面，是他的專門興趣。博大的方面，是他的旁搜覽博。博大要幾乎無所不知，精深要幾乎推他獨尊，無人能及。」

密林裡尋找一片樹葉

如何尋找一本書，不再是碰運氣，而是一個可以穩定訓練、穩定掌握的事情了。

閱讀的密林裡，每一本書都是一片樹葉。

我們知道那是什麼、也知道去哪裡尋找的樹葉，是極其有限的。

數不清的樹葉，有的我們根本不知道那是什麼。

有的我們想找，卻不知道去哪裡找。

有的我們想找但是卻講不出要找的是什麼。

更多的是，我們沒看到，沒想到，也不知道要找的。

如何尋找一本書，永遠是對一個閱讀者最大的挑戰。

在密林裡開出第一條路之前，我們如何尋找一本書，永遠是碰運氣的。

或許，是從別人談話中偶爾聽到。

或許，是從哪本書的哪段字裡行間不經意看到。

或許，是在哪個書店的哪個角落不期而遇。

很有驚喜的樂趣，但是少了可靠的穩定。

因為太多時候，即使我們相逢了，也彼此擦肩而過。

如何尋找一本書，是我們艱巨的任務。

從開出了第一條路，有了第一桶金，開始有基礎建造自己的閱讀金字塔之後，事情則逐漸不同。

我們對自己行走的那條專門興趣路上的生態及樹葉，已經越來越熟悉了。

然後，我們的步伐拉開到間接相關的各種興趣，對那條路

上及周遭的生態及樹葉，也日益熟悉。

然後，我們的活動範圍又拉大到不很相關的各種興趣的路徑上，對那周遭的生態及樹葉，也開始熟悉。

最後，我們可以在這座密林中自由自在地四處活動，毫不擔心會有迷路的風險。我們可以繼續開闢其他的路徑，也可以就此隨意採擷任何感興趣的樹葉，並且對它們一見如故，毫無理解的障礙。

在這個過程中，如何尋找一本書，對我們越來越是一個可以穩定訓練、穩定掌握的事情了。
怎樣尋找一本書的話題，這時才有資格真正端上檯面。

不只如此，這個時候再走進書店，不論是實體或網路，我們對市場區、棒球場區都有完全不同於以前的認識了。

本來喧鬧得令我們幾乎睜不開眼睛、看不清是怎麼回事的那片市場區，也是新書及促銷書區，像是出現了快動作中的慢鏡頭。一本一本不值得我們去多看一眼的，不是我們所需要的書，或是完全不需要接近，或者只需要輕碰一下，就快速地消失於身後，回歸到市場的背景之中。

相對地，一本一本或是正當我們目前閱讀所需要的，或是我們尋覓了一陣的書，卻會在幾乎茫無邊際的書海中，像魚躍龍門地跳起，剛好夠我們的視線注意到，一把攬住。

各種新書巨大的出版量，過去曾帶給我們偌大苦惱，不知道從何選擇，現在，我們卻只感激這片書海給自己最恰到好處的豐富及多元。

我們不只會怎樣尋找一本書，也會了解怎樣淘汰一本書。

回到家裡，不論是龐雜而零亂的書堆，還是整齊潔淨的書架，我們都可以迅速地或從雜亂中，或從整潔中，瞄到其實根本不值得佔到空間的那些書，拿出來，處理掉——丟、捐、送。

我們的書架，這才真正有了生命，與面貌。

新層次與新領域

往前跨一步，往旁跨一步。

作家蔡志忠對如何開發自己的學習能力，嘗試各種開發，也身體力行。

他喜歡講一個故事，一個青蛙想要跳上床，自以為會跳就可以。但是高度不夠，又沒有方法的時候，他跳一整夜也是白跳。

後來看他整理的筆記，說得更清楚了：「人生不是爬斜坡，只要持之以恆，努力便可達到顛峰。」因此，他主張，「人生像走階梯，每一階有每一階的難點。無法克服難點，再怎麼努力都只能在原地跳，毫無進展。」

在我們閱讀的階梯上，如果沒有一定高度的眼界與認知，而只是自以為是的拚命努力，就不可能上得了台階。

比較可以掌握閱讀的方法，不是為了幫助我們越讀越輕鬆，相反地，正是要幫我們有點眼界，知道前途的階梯所在，並且知道有什麼方法解決原地打轉的難題。

比較可以掌握閱讀的方法後，就可以嘗試往前跨一步的挑戰，或往旁跨一步的挑戰了。

往前跨一步，就是在你原來感興趣的閱讀領域，往原來你覺得深奧而不願意碰觸的方向走一步。如果你本來就愛讀小說，那麼跨一步，接觸一下文學批評與理論就是了。

阿諾德‧貝內特說：「要想培練心智最重要的關鍵卻正是那種吃力，費勁的感覺，而且是一種你既處心積慮想

完成，又有點想規避的工作的感覺。」

也因為會吃力，千萬不要又就此放棄。即使是看不太懂的書，先從頭到尾看一遍，是第一步。

往旁跨一步，就是在原來感興趣的閱讀領域，往旁邊先前覺得有點距離的領域跨一步。研究美術的人，往人類學或神話學跨出一步；研究經濟學的人，往法律或政治學跨出一步；研究醫學的人，往生物學或神學跨出一步，都是了。

胡適說：「多讀書，然後可以專讀一書……你要想讀佛家唯識宗的書嗎？最好多讀點論理學、心理學、比較宗教學、變態心理學。無論讀什麼書，總要多配幾副好眼鏡。」
正是這個意思。

往前跨一步，進入新層次；往旁跨一步，進入新領域。
只有當進入新層次和新領域的腿力夠了，才具備在知識密林裡探索的體力與能耐。

除了往前一步、往旁一步之外，閱讀還需要隨便亂走幾步。
如果所有的閱讀都有往前一步、往旁一步的規畫，雖然收穫可期，但也就少了無意探索的樂趣，以及意想之外的驚喜收穫。
因此要一直有隨便亂走幾步的餘裕。不論是進了書店之後，把自己目光的餘角放到最大，因而瞄到一些光影比較奇特的封面、書背；還是在網上看到一兩個比較沒那麼平常的字眼、名詞，引起一些好奇，都值得我們再接近一些，盡可能隨手拿起書來翻閱，或是再繼續用關鍵字搜尋下去。

經常，柳暗花明。

閱讀的七道階梯

柏拉圖的啟示。

開了第一條路了,有了第一桶金了。知道這樣在密林中走
下去,可以尋找或放棄尋找某些樹葉的方法了。

然而,密林如此深廣,路途如此遙遠,有沒有什麼地圖或
指標,可以拿來在接下來的路途中使用?

如果說前進之路不是斜坡而是階梯,如果說攀升階梯需要
有一些眼界,這些眼界又從何而來?有沒有什麼參考?

我想到了柏拉圖。

我們常常聽到「柏拉圖式的愛情」,所以應該好好了解柏拉圖對愛
情的昇華,到底有什麼樣的階段說明。

柏拉圖在《會飲篇》之中,藉蘇格拉底之口,說明了愛情
可以如何由兒女之情一路提升為對宇宙真理之美的認知。
「柏拉圖式的愛情」,正是說他的這種昇華理論。

柏拉圖如此描繪這個過程:

……應從幼年起,就傾心嚮往美的形體。如果他依嚮
導引入正路,他第一步應從只愛某一個美形體開始,
憑這一個美形體孕育美妙的道理。

第二步他就應學會了解此一形體或彼一形體的美與一
切其他形體的美是貫通的。這就是要在許多個別美形
體中見出形體美的形式。假定是這樣,那就只有大愚
不解的人才會不明白一切形體的美都只是同一個美了
。想通了這個道理,他就應該把他的推廣到一切美的

形體，而不再把過烈的熱情專注於某一個
美的形體，就要把它看得渺乎其小。

從此再進一步，他應該受嚮導的指引，進
到各種學問知識，看出它們的美。於是放
眼一看這已經走過的廣大的美的領域，他
從此就不再像一個卑微的奴隸，把愛情專
注於某一個個別的美的對象上──某一個
孩子、某一個成年人，或是某一種行為上
。這時他瀕臨美的汪洋大海，凝神觀照，
心中起無限欣喜，於是孕育出無數優美崇
高的道理，得到豐富的哲學收穫。如此精
力瀰滿之後，他終於豁然貫通唯一的涵蓋
一切的學問，以美為對象的學問……

（一個人）真到對愛情學問登峰造極了，
他就會突然看到一種奇妙無比的美。他的以往一切辛
苦探求都是為著這個最終目的。這種美是永恆的，無
始無終，不生不滅，不增不減的。

那一天讀到這個段落的時候，我想，知識密林裡的閱讀地
圖，不就在這裡嗎？閱讀的階梯，不就在這裡嗎？
於是，我就根據柏拉圖的理論，畫出了一個由七道階梯構
成的閱讀地圖。

在閱讀的地圖上，有這樣七道階梯。

第一道　你關心、思考的，是如何讓自己更美好
　　　　因此，我們會尋找健康、美麗、求學、考試、
　　　　企管與工作 Know-how、職業工作能力需求、理
　　　　財、休閒、旅遊、勵志這些主題來閱讀。

第二道　你開始關心、思考如何讓自己與所愛的人，

共同更美好

因此，我們會尋找愛情、婚姻、親子、心理、居家、烹飪這些主題來閱讀。

第三道　你開始學習欣賞一切抽象的美好

因此，我們會尋找哲學、科學、宗教、藝術、繪畫、音樂、建築等主題來閱讀。

第四道　你開始學習欣賞社會制度之美好

一個只讀文學的人，如果開始對政治、社會、法律、經濟、倫理這些題目感興趣，就是個例子。

大至思考社會的運作機制，了解社會的硬體與軟體規畫，小至思考一個組織如何遵行制度規章運作之美，也是例子。

第五道　你開始學習欣賞與自己相異之行為的美好

懂得欣賞社會制度的美好之後，才能開始懂得欣賞政治、宗教、意識型態與自己不同的人的行為之美。

這時，才會看出一些特立獨行，不為社會大眾所注意（甚至所喜）的人物的傳記，有什麼閱讀的需要，有什麼參考的價值。

上不到這一道階梯，我們喜歡看的傳記，總超脫不了富豪與企業成功人士的經驗與價值觀，以及奮鬥於病魔或艱苦環境的人物的光明美德。

但是，閱讀能讓我們看到的美好，遠不只這些。

第六道　你開始學習體會多元知識激盪之美好

我們不只在自己始終擅長、鑽研的知識領域之外，至少能再深入鑽研另一個知識領域，並且

可以體會到不同領域知識之間相互激盪、相互
滋生的美好。

知識，在我們面前交織成一片綿密無比的光網。
光網上每一條線的每一個光點，都逐漸相互溝
通。我們可以隨意從任何一個角度提起知識光
網，任意揮舞，自由自在。

第七道　你學習體會宇宙的智慧之美
蘊含於也超脫於一切閱讀、學習、知識之美之外
的宇宙智慧。不生不滅，不增不減，無始無終的
智慧。

這就是閱讀的七道階梯。

在知識密林裡，我們隨著階梯越登越高，眼界越來越開闊，
密林的範圍、深遠、景致，也都隨著越來越清楚，終至一切
盡在眼下。

參考這七道階梯，我們可以拾級而上。

否則，我們在地面看那最高的一階，永遠只是天梯。

這不是凡人難及的事，證明可以如此一路走上來的人很多。

政治人物對階梯的影響

在閱讀的七道階梯上，第四道「學習欣賞社會制度之美好」，極為重要，
是上下各三道階梯的分水嶺。

在這一道階梯上，政治人物，有著關鍵性的影響。曾國藩所謂：「風俗之
厚薄奚自乎？自乎一二人之心之所嚮而已！」正是這個意思。

台灣近年政治人物的種種行為，不但破壞了我們「學習欣賞社會制度之美
好」的可能，也因為社會制度建立不起來，所以很難欣賞在同一社會制度
之下，與自己思想及行為相異的行為之美。

這時，大家容易注意到的行為之美，不是集中在一些財富及企業經營成功
的人士身上，就是只能接受一些越單純越好的人生光明面鼓勵。

Reader Takes All：越讀者通吃的時代

在閱讀的密林裡，我們要不就得掌握通往食源的路徑，要不就得餓死於最豐足的食源之間。

這本書整理了到清末為止，中國歷朝的小學教育的課程和內容。（作者：池小芳／上海教育出版）

在閱讀的階梯上，我們終究會面對知識架構的問題。

中國人本來自有一套知識架構。

在長期科舉制度之下，以四書五經為核心形成的考試知識，與其他所有歸之為「小說」類的知識，固然理論是分裂的，但是在精英讀書人的彌補及聯繫之下，這兩大分立的知識區塊，仍然融成了一套自有的知識架構。在這個架構之下，個人的知識如何學習、累積、擴展、應用、考證等等，自有一套辯證過程，形成許多理論與方法。

十九世紀開始，西方的影響力進入東亞。當時他們從十五世紀開始的人文與科學發展，正因工業革命而躍升進另一個嶄新的階段——人類有史以來未曾有過的新階段。工業革命是人類有史以來第一次知識經濟的革命，因科技而引發科技的突破開始滾雪球。歐洲各國相互競爭，不想在這波革命中落後，競相研究知識如何引發新的科技突破，科技突破又回頭激發新知識的歸納與探索，兩者激盪相生，不斷刺激出新的知識領域，進而改變知識架構的樣貌、內容與方法。

因此，到鴉片戰爭雙方一正面相遇，中國垮掉的不只是對戰力與國力的信心，還有當西方如此動態的知識架構與中國如此靜態的知識架構相衝撞之後，發現原來那套自成體系的知識架構之脆弱，不堪一擊。

曾經長期導入，並信賴中國知識架構，但是距離稍遠一點的日本，比較好辦。他們只要從明治維新開始，淘汰這套

知識架構，徹底接受西方的知識架構，事情也就比較容易推展了。

但是中國本身則難以如此。對於這套起自於本身，有著如此源遠流長的歷史，在這麼長的時間裡證明其理論及實用價值，又與我們的生活如此一體結合的知識架構，說要放棄，說要改革，大家的想像、論述、行動，其爭論可想而知。

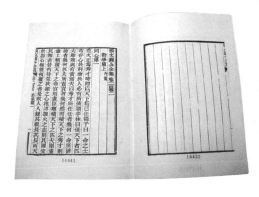

張之洞的〈勸學篇〉。（文海出版）

所以，接下來的一百多年裡，我們看到了許多事情。

影響極大的，先是張之洞。

張之洞提出〈勸學篇〉，主張「中學爲體，西學爲用」。然後，「西學」一分爲二，再主張「『西政』急於『西藝』」。這些主張雖然有其迫於時勢的理由，但也從本質上造成了「中學」與「西學」的割裂，以及「西政」與「西藝」（約莫相當於「理科」與「文科」）的斷章取義。中國人開始對自己與他人的知識架構，都有了名正言順，可以切割對待的立場與理由。這對之後一百多年的發展，影響深遠。

清末民初，雖然西方文化來得突然又全面，然而當時許多受過中國傳統知識架構訓練的讀書人，探索起西方歷史與文化，另有上手之便利。

五四前後，不但中西之辨更甚，各種理論與制度之爭辯也更激烈。中醫與西醫之爭，文言文與白話文之爭，漢字羅馬化與注音符號之爭，正體字與簡體字之爭，無一不爭，如此，再加上從社會發展到種種政治制度之爭的攪入與發酵，更使得我們對待知識與閱讀，習慣於以各種相爭不下的派系來切割對待。互不相讓，也就互不相容。

已經被「中學」與「西學」之分，「西政」與「西藝」之分切割得十分厲害的閱讀觀念，加入了這些政治與意識型態的作用之後，從此更加七零八落。

再過三十年，到1949年之後，海峽兩岸出現不同的政權。兩個不同的政權，延續著從五四以來的各種爭辯，不但在文字的使用上走向不同的路，各自在自己的政權範圍內更順理成章地劃出種種禁忌，讓七零八落的知識及閱讀，更加破碎不堪。

這已經早就不是中西之爭的分裂。這一百多年來的中國文化及社會環境，不論因為這些主觀因素，還是客觀的戰火及社會動盪等因素，基本上就是把知識架構，以及知識架構之下的閱讀這件事情，日益走向切割再切割、零碎再零碎之路。

今天我們看來已經全面生活在西方文化之中，可是對不論中西文化、歷史及知識的理解，都可能是極為零碎的。

過去，在漫長的戒嚴時期，台灣在這種歷史與文化背景之下，許多人對閱讀的認知、態度、習慣、方法，以及所能擁有的環境，就是在這種背景下形成的。

所以，我們的社會，會長期重「理」輕「文」，是合理的。說起來，「理工」領域裡的知識與閱讀，似乎可以避開「人文」領域的敏感紛爭，自成體系，自有架構。但是大家容易忽略，沒有人文領域的結合，理工是有侷限的。

我們的學校教育，會越來越趨向於考試導向，也是合理的。訓練學生應對一道一道的試題考試，要比薰陶、引領他們探索一個被零碎化的知識架構，充滿諸多禁忌的知識架構，又輕鬆，又有效果，又更能滿足家

長的需求，何樂不為。

考試的作用被放大了，學校的作用就被放大了；學校的作用被放大了，考試的作用就更被放大了。

唯一越縮越小、越切越碎的，是我們對知識的心態。至於知識架構？就更不在話下了。

1980 年末之後，台灣隨著政治的解嚴、經濟的起飛、出版的國際化、媒體的多元化，使得我們擁有了從沒有過的開放而自由的閱讀環境。

但是，長期影響我們的歷史與文化因素，不是短時間所能彌補或是調整得過來的。

不論就主觀或客觀因素來說，怎麼面對一個新的閱讀時代，我們還沒會過意來；怎麼揮別我們歷史與文化背景裡對閱讀這件事情所有的那些慣性見解與方法，我們還沒轉過神來。

甚至，更嚴重。

黃仁宇這本書，提出「西學為體，中學為用」的觀點，是一本有助於了解西方思想架構的書。
（臺灣商務印書館出版）

知識架構的切割與零碎化，又不只是我們面對的問題。

「近代科學分野嚴密，治一科學問者多故步自封，以專門為藉口，對其他相關學問毫不過問。」朱光潛說。

進入二十世紀，是一個科技的世紀。科技的日益精密發展，導致科技日益的精密分工。（不然又為什麼要稱之為精密呢？）知識的領域不斷往外衍生擴張，不斷向內深化分裂，不論科學還是人文，舉世皆然。

知識架構的切割與零碎化，是進入二十世紀之後的人類的共同苦惱。只是我們的苦惱在一些特別的時空背景下，被考試制度的教育填塞了糖果，因而或是自以為找到出路，或是根本就沒覺得那是問題，還以為那就是一個人的教育過程裡的正常路徑。

十九世紀，當中西知識架構第一次碰撞的時候，有識之士看出雙方知識架構之差異，而有各種大聲疾呼我們與他人的差距。疾呼的聲音雖然不同調，嘈雜又爭吵，但起碼大家是注意到了這件事。

二十一世紀，當網路發生的作用在不同人手裡有了天壤之別時，我們卻很容易從自己的網路企業之發達，網站使用人數可以排進全世界前十名而沾沾自喜，電腦視窗上一個個頁面可以越開越多，就真以為自己和別人並駕齊驅了。

我們以為網路的全球化，使得世界是平的。

對不起，世界不是平的。世界正以從來沒有過的急劇高低不平而呈現。

要不就得掌握叢林的全貌，要不就得像最原始的人，餓死於最豐足的食源之前——因為沒有通往食源的路徑。

在書籍和網頁的數量都爆炸到今天這種程度的時候，我們面對閱讀方法，來到了一個臨界點。對於閱讀方法的需求，雖然長期存在，但從沒有像今天這麼重要。

在商業社會裡，我們常說「Winner Takes All」（贏家通吃）。

今天，則是 Reader Takes All「越讀者通吃的時代」時代來臨。

「Reader Takes All」，可以說只是上半句話，下半句則是「Or, Nothing.」在閱讀這件事情上，你不跨越各種侷限，就可能什麼都吃不到。

如何找到自己的閱讀之道，是人類追尋聖杯的恆久課題。只是到了今天，這個課題有了完全不同於過去的意義與作用。掌握到方法的人，就可以掌握到開啟所有知識的鑰匙；掌握不到方法的人，根本就難以啟動閱讀。

你有了懂得閱讀的神奇鑰匙，所有的資源為你所盡享；沒

有那把鑰匙，你只會被無邊的知識與資訊壓
迫得窒息，或是逃避。

過去，我們可以有種種理由及方便，使得自
己揀取零碎的閱讀與知識就得以果腹，但是
今天，在「網路」與「書」形成如此深密的
叢林後，我們要不就得掌握通往食源的路徑
，要不就得像最原始的人，餓死於最豐足的
食源之間。

不論我們願不願意接受，這個現實都逼到了
我們的面前。
面對 Reader Takes All 的時代，我們必須每個
人都建立自己個人的知識架構。

《理想國》裡有這麼一段話：

「當某個人喜愛某樣東西時，他喜愛的
是這樣東西的全部，還是喜愛它的某個
部份而不喜愛它的其他部份？」
「全部。」
「那麼我們也要肯定，智慧的愛好者熱
愛全部智慧，而不是愛一部份智慧而不
愛其他部份智慧。」
「沒錯。」

這也是鼓勵 Reader Takes All 的意思吧。

建立個人知識架構的可能

今天，任何人都可以做哈佛大學的博士研究自許，
而開始建立他個人的知識架構。

橫看成嶺側成峰的《理想
國》。（譯者：郭斌和、
張竹明／北京商務印書館
出版）

柏拉圖的《理想國》裡，有一段很有名的寓言。

洞穴裡有一些人面壁而坐，腿腳和脖子都被鎖鏈綁著，因
此身體動彈不得，連頭也不能回。他們的身後，燒著火堆
，火堆前面有些東西在舞動，被火光照出影子，投射到那
些被鎖鏈固定的人面前的洞壁上。這些人日復一日，只能
看著映在前面壁上的影子，以為這就是世界的全部。

有一天，有人解開了他們的鎖鏈，他們才慢慢走出山洞，看
到外面的世界，看到真正的光線──陽光。但這是非常不適
應的一個過程，而他們再回到山洞，把自己看到的景致告訴
那些仍然在盯著壁上影子的人，那些人也聽不進去。

中國近代的扭曲破碎的知識架構，加上畸形中學教育，讓
我們太多人一直習慣於觀看火光在牆面上晃動的影子。

有可能因為自己身體可以活動了一些，還以為這就是自由了。卻不
知道我們只是換了個坐姿與方向，繼續盯著火光映照在牆上的影子。

網路時代新造的一把鑰匙，可能幫我們開了半邊身體的鎖
鏈，讓我們的身體可以多加活動了一些。但是比沒有這把
鑰匙還危險的是，我們會因為自己身體可以活動了一些，
還以為這就是自由了。卻不知道我們只是換了個坐姿與方
向，繼續盯著火光映照在牆上的影子。

只要我們能記住網路時代的這個風險，隨時提醒自己這

266

個不足，畢竟，今天的網路還是帶給我們一些前所未有的機會。

網路的出現與發達，給每個為知識架構的切割與零碎化而苦的人，都打開了兩個可能。

對還沒有開出第一條路、還沒拿到第一桶金的人來說，網路，只是讓知識密林的深度與廣度都暴增了十倍，百倍。他不是知道這座密林的寶藏無窮，但卻苦於無從使用，就是只不過懂得在密林的樹幹之間迴旋一下跑車，就以為掌握了密林的全部。

然而，對一個在知識密林裡已經開出第一條路、拿到第一桶金的人來說，又是一種不同的情景——網路是自阿里巴巴以來所能想像的最大的開門咒語的百倍擴大。

在他自己已經開出的那一條路上，從此他不再是步行，而是騰空飛躍；當他要開闢新的路徑，探索自己完全陌生的知識領域，從此他擺脫現實世界的牽絆，有了登高俯瞰的工具——因為他已經掌握住只有當開出一條路之後，知識才會發生作用的那把神奇的鑰匙。

於是，我們會發現，這是一個人人都必須建立自己個人知識體系的時代，也可以建立自己個人知識體系的時代。

有了閱讀的第一桶金，加上網路上的資源與工具，一個高中畢業生都可以像哈佛大學的博士研究生一樣進修。

哈佛大學的網站上，一位教授對「博士論文研究」的目的，提出了這樣的定義：

Ph.D. thesis research is a task to ensure that the student can later take on independent, long-term research commitments.

博士論文研究，是為了確使學生日後可以堅持進行獨

立而長期的研究。

過去，推廣閱讀的時候，常聽到「終生學習」的說法。我很不習慣。從閱讀飲食的角度來看，「終生學習」不啻於是說要「終生飲食」。人活著不就是要閱讀，要學習嗎，有什麼特別值得說的？

網路如此方便可用之後，我可以接受「終生學習」的說法了。——因為，我知道，這裡的「學習」，可以指的不再

要像博士候選人一般自修，需要注意之處

我就這個題目，請教了曾在哈佛大學修得博士學位的張隆溪教授。

張隆溪的說明如下：

1. 美國大學博士生先有必修課，每一課都有一定學分。修完這些課程，得到足夠的學分之後，先通過總考（general examination），然後才有資格寫論文。

2. 博士研究不像大學本科那樣處處要老師講授，而必須自己獨立研究。當然，有指導教授指點（不是全盤講授）也很關鍵，可以少走彎路，盡快盡好地發揮自己的能力。

3. 寫論文希望指導教授指點的，首先是有關題目的方向是否合適，有哪些重要參考資料必須知道，論文的結構和闡述是否恰當等等（論文研究方向請參考另一篇附文）。

4. 一個好的指導教授應該是某一學科和領域的權威學者，了解該學科和領域的研究狀況，知道什麼是重要的研究成果。研究生的具體題目不一定是他當時最了解的東西，但在大方面他可以掌握，在方向上可以指導，而且以其思考批判的能力，看出研究生所寫論文是否論證合理，是否站得住腳。

5. 因此，今天的自修者如果要期許自己像一個博士候選人一般研讀，可以透過網路，設法了解哪些書是某一研究領域的必讀書。有了這些相當於必修學分的基礎後，再定出自己的研究主題。雖然沒有正式的指導教授，但是可以從網路上查到哪些學者是該領域有影響的人。閱讀這些學者的著作，以及其中討論到的其他著作，一個用心又有方法的自修者，完全可以找到足以替代那些指導教授的閱讀資源。

只是一般的學習，一般的閱讀了。

我們可以，也必須，每個人都以一個博士候選人的身分，
來進行自己「獨立」而「長期」有「決心」的研究了。

當你開闢了第一條路，有了第一桶金之後，想知道如何繼
續往更高的一層，或更新的領域跨出一步？全世界大學的
博士研究招生說明上，都有各個科別需要閱讀的書目。

更何況，像 MIT 這種大學，即將把他們所有的課程內容都
公布上網了。

你已經有了自己的第一條路，有了自己的第一桶金，沒有
指導教授也沒關係，只要有這些書目列在這裡，這就已經
是最好的指導了。剩下的，你只是要走下去。

自己個人的知識架構，就從此建立。

Allen Newell 整理的博士研究方向

亞倫‧尼維（Allen Newell），一位已經過世的卡內基‧美隆大學的電腦科
學教授，就博士論文的研究方向，整理出以下的選擇：

Opens up new area 展開新的（研究／知識）領域

Provides unifying framework 提供統合的（研究／知識）框架

Resolves long-standing question 解決長久存在的問題

Thoroughly explores an area 徹底探索一個（知識）領域

Contradicts existing knowledge 對現存的知識提出反駁

Experimentally validates theory 通過實驗性的嘗試為理論提供驗證

Produces an ambitious system 創造一個宏大的（知識）系統

Provides empirical data 提供經驗式的數據或資料

Derives superior algorithms 推導出高效能的運算法則

Develops new methodology 發展出新的方法論

Develops a new tool 發展出一個新的（研究）工具

Produces a negative result 提出一個否定性的結論

有關博士研究的資料，可另外參考這個網頁：https://www.eecs.harvard.edu/
htk/phdadvice/

個人知識架構小處著眼的例子：相思李舍的咖啡

國父紀念館附近一個巷子裡的「相思李舍」，我每次介紹給外國朋友的時候，都會強調這裡有全亞洲最好喝的咖啡。

老闆李威德，從原來的專業建築師轉行成味覺達人，有一套從小題目上建立自己知識架構的方法。以下摘錄自《閱讀的狩獵》：

Study 1：我決定學咖啡之後，就戒掉以前一天喝一瓶的威士忌，然後把咖啡、茶、紅酒三樣東西一起學起來。之所以要如此，是想從不同的角度了解咖啡。這種交叉瞄準的方法很有助益。

Study 2：不斷明察暗訪哪裡有人懂咖啡。要了解咖啡的生豆、烘焙、萃取、保存，各找一個人。但是，人家只能指一個方向，一個很大的方向。實際的路總要自己去走，去捉摸。等自己對咖啡有一個程度的認識和體會之後，還要再找一個印證的人。

Study 3：去書店。看入門書，二十本取一就不錯了。所以看四十本書，找得到二、三本真正可用的書，就夠了。咖啡機器的型錄（Catalogue）也要讀。再來就是參加國際咖啡協會，接觸真正專業人士看的書。如果需要一些冷門、生硬的資訊，就要上圖書館，或託人到國外買書。

Study 4：看書要看一本書的作者如何用全部的生命投入。要讀到人家的心，要用更簡單的方式。有時候拉開一段距離，反而才可以拉近。

Study 5：對於書籍或別人所提到的東西，我會抱持一種懷疑的態度，總要用真材實料做實驗、驗證後才算數。比如書上說摩卡咖啡有五種芳香族群，可是一開始我找不到，於是開始一個不斷失敗、不斷實驗的路程。煮三分鐘不對，煮二分五十七秒不對，那就要不停地煮。

Study 6：早期自己覺得懂了咖啡之後，我埋首在 800 種香味中，滔滔不絕的向顧客介紹，要什麼煮什麼。但現在，我講咖啡只講三件事：咖啡應該是透明的紅色，不苦，不酸。人人都可以判斷。

那有點像是「見山又是山」的過程。那是一種反璞歸真。我走過大量閱讀、琢磨、表演的路後，再回到最簡單的狀態。

個人知識架構大處著眼的例子：Propaedia 主題百科

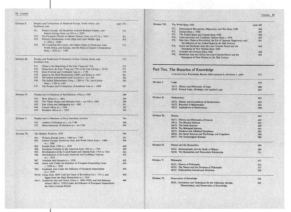

《大英百科全書》從 1974 年的 15 版起，除了過去的「小百科」、「大百科」之外，新加一冊「主題百科」（Propaedia），並且名之為「知識的架構」（Outline of Knowledge），其意圖及作用，都是一個想要從大處著眼，了解知識架構是怎麼回事的人，所不能忽略的。

由艾德勒（又是他）所設計的「知識的架構」，分為十個知識「領域」（Part），其下再分若干「部」（Division），其下再分若干「科」（Section）。每個「科」羅列許多條目，並建議讀者應該去查閱「小百科」和「大百科」的哪些詞條。

這個設計的重點，是為了彌補現代百科全書按字母順序排列詞條後，讀者對知識的了解，主要在詞條的細分，而失去了對詞條所屬的知識領域有所了解的機會。簡言之，避免見樹不見林的風險。

「主題百科」雖然說是為了提供另一種查閱知識的方法而設計，但也看得出來他們想要示範，一個人可以如此把宇宙間的知識盡收眼底的雄心與巧心──這十個領域不是以線形而是以圓形來排列，如此十個領域首尾相生，又不分首尾，每個領域都可以居於圓心而又相互眾星拱月，道盡知識的特點。（參見左下圖）

對我而言，雖然使用網路版大英百科極為方便，免去我為一個個詞條而移動之苦，但是因為這一本「主題百科」，而讓我覺得我還是需要有一套紙本的百科全書。如此大開本的百科全書，每攤開一個跨頁都讓你的視線享受到最大的俯瞰感，刺激你記住這所有的知識架構可以如此一手掌握，這是目前我善於精準細部搜尋的手提電腦所沒法滿足的。

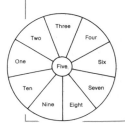

「主題百科」的十個知識領域是：1. 物質與能量；2. 地球；3. 地球上的生命；4. 人類；5. 人類社會；6. 藝術；7. 科技；8. 宗教；9. 人類歷史；10. 知識的分支。

Part 7
跨越夢想

閱讀與夢想的關係

我們可能因為閱讀而發現夢想，也可能因為先有了
一個夢想，所以透過閱讀來累積自己前行的資糧。

閱讀的真正價值和意義，不在於我們擁有多少書，或讀了
多少書。

不只是掌握了適當的速度，不只是掌握了足夠的方法。

不只是追求增加知識，不只是可以享受閒情逸趣。

閱讀的終極價值和意義，在於我們是否能遇上一本書，讀
過了這本書之後，人生從此開始不同，從此開啟了新的夢
想與未來。

本來，人生層次的提升，也不見得非閱讀不可。

有人可能因為經歷了一場刻骨銘心的失戀之後，對人生有了
與過往完全不同的體悟，所以提升了層次。發明倉頡輸入法
和中文字型產生器的朱邦復，是讓我們今天得以在電腦上方
便地使用中文的關鍵人物。朱邦復就是這樣一個例子。

有人可能是在一場秉燭夜談之後，對人生有了與過往完全不
同的想像，所以提升了層次。民國初年，在北大一方面主講
英國文學，另一方面又留辮子、一身傳統長袍馬褂的辜鴻銘
，是個學貫中西的人物。辜鴻銘就是這樣一個例子。

人生層次的提升，雖然可能因為一場失戀，或因為遇上一
個奇人促膝長談三天而發生，但這種情況發生的機率無從
掌握，付出的代價也可能太大。

所以，在對比之下，閱讀在這件事情上的意義與價值就很
清楚了。

閱讀，就是讓我們不必親身經歷那場驚心動魄的愛情，也能照樣體會作者經歷過的震撼，跟他走那一趟生命之路。

閱讀，就是讓我們不必擔心自己沒有機會遇上一個特別的人談上三天三夜，照樣可以體會一個人的生命可能如何翻轉，跟隨他一生的軌跡走一遍。

如果懂得閱讀，我們可以透過書本這個極其方便的媒介，以極為便宜的一本書的代價，就能體會到人的生命層次可以如何提升。

甘地就是這樣一個例子。年輕時候，還在南非當律師的甘地，有一天從約翰尼斯堡搭火車去一個叫作德班的地方。送行的朋友帶給他一本書。甘地上車後，一拿起書就放不下了。

日後甘地在回憶錄裡說，他不是閱讀很多的人。在他上學的時候，除了教科書，他幾乎什麼也不碰。出社會工作後，也很少時間閱讀。不過也正因為如此，他讀到一本書，就會大力消化。而他在那趟火車上讀到的這本書，立刻給他帶來了巨大的衝擊。

等到火車抵達目的地，甘地踏上月台的那一刻，他知道自己的人生徹底不同了。「我決心根據這本書的理念，改變我的人生。」甘地說。

甘地在火車上讀到的書，正是英國學者拉斯金的這本《給後來者言》。（Net and Books 出版）

因為一本書而改變一個人對人生的觀點，而翻轉一個人的生命發展軸線，不勝枚舉。

像前面提到的《如何閱讀一本書》的作者艾德勒，也是個例子。

艾德勒早年因為想當記者，所以輟學去報社打工，後來為了改善寫作，去上大學的夜間部課程。

這時他讀到了一本書，改變了他的一生。這本書就是十九世紀英國重要的思想家彌爾（John Stuart Mill）的自傳。艾

德勒讀彌爾的自傳，發現他竟然是在五歲就讀了柏拉圖的書之後，不但從此為哲學所著迷，也開始了他在大學的正式求學，最後自己也在學術領域卓然成家。

像甘地、艾德勒這樣，因為閱讀一本書而提升了自己人生的例子，就是閱讀的真正力量，以及神奇之處。

我們需要相信：不論任何人，都有自己人生條件的侷限。也相信不論任何人，都有打破這種侷限，讓自己人生層次得以提升的可能，並且，可以透過閱讀來提升。

閱讀與夢想，存在著兩種關係。一種是，因為我們閱讀，所以發現了一個夢想，自己的人生因而改觀；另一種是，因為我們先有了一個夢想，所以透過閱讀來累積自己前行的資糧，因而改變了自己的人生。

不論是哪一種，只要相信閱讀與夢想的關係，我們就有可能透過閱讀來提升自己的人生層次。

經歷失戀而體悟人生，或者有一場與貴人的對談而改變人生，是因為 Read the World（閱讀世界）而發生的事。

在長途火車上讀一本書而打開人生的未來，是因為 Read the Word（閱讀文字）而發生的事。

閱讀的終極價值，就在打開人生的夢想，打開人生的未來。

（朱邦復、辜鴻銘、甘地故事的詳情，請參閱《尋找那本神奇的書》。）

我認識朱邦復的經過

1980 年代初，下班後我在聽一些電腦課。

有天，教師口沫橫飛地講到一個叫「朱邦復」的人的故事。故事講得很零碎，可是這個發明倉頡輸入法和中文字型產生器之後，又把專利放棄的人，卻激起了我的好奇，決心把這個人的來龍去脈搞清楚。

我先去朱邦復創立的一家電腦公司。當時他因為放棄專利，被人密告有共產思想，在那個還有警總的年代，趕緊離台赴美。留下的員工，所知有限。幸好離開的時候，他們建議我去找朱邦復一個老朋友談談。

攝影家莊靈和朱邦復是高中同學，對他少年時期有一些認識，但是對他後來大學讀農學系、去巴西墾荒、回來研發起中文電腦這些，則不知所以然。幸好道別的時候，莊靈想起朱邦復曾經在一家基督教出版社出版過一本書，裡面談了他在巴西的經歷，建議我去找一找。但是書名和出版社，他也想不起來了。

基督教出版社，我先想到了道聲。於是找到了這家出版社的門市部。

那天下午，天色陰陰的。我跟門市部的店員敘述了自己想要找的書，報上了作者的名字。店員搖著頭，說沒有印象，查了一陣，也說找不到。這樣，我出來，一面想著還有哪一家基督教出版社，一面準備搭車的時候，門市部裡另一位店員跑出來，手裡拿了一本書，說：「你看，會不會是這本書呢？」原來他在旁邊聽我們對話，自己憑印象，上樓去舊書堆裡找到一本「朱復」著的《巴西狂歡節的迷惘》。我翻翻那本書，大喜過望。

朱邦復用了一個筆名，像是小說體的方式，寫出了他在巴西與一群嬉皮相處的日子，書的最後，是他失去一個心愛的人之後，對自己生命的頓悟。那本書幫我把了解朱邦復的拼圖，拼出了一大半。恰好讀完書不久，又在報紙上看到作家荊棘寫一篇回憶童年的文章，沿著讀《巴西狂歡節的迷惘》的一些印象，我馬上知道荊棘就是朱邦復的妹妹，因而又獲得了一些拼圖的圖塊。

這樣，我後來寫了一篇有關朱邦復的文章。朱邦復閱後大惑不解，不知什麼人能對他有這麼詳細的了解。

那個陰沉沉的下午，如果不是那個店員自己上了二樓，從舊書堆裡找出一本連作者名字都不盡相符的書，讓我看一眼，後來我能完成那篇文章，和朱邦復成為朋友等許多事情，很可能就不會發生。

一個書店的人可以為一個讀者做些什麼，在那個沒有網路搜尋引擎的時代，固然令人懷念，在今天這個網路搜尋引擎發達的時代，仍然是個參考。

拒絕出獄的人

小心考試教育把我們人生的夢想和方向都「填鴨」的後遺症。

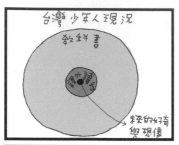

閱讀與夢想，閱讀與提升人生層次，雖然有如此自然的關係，但是在今天的現實裡，往往被切斷。

切斷的原因，主要還是中學階段對我們的影響。

本來，對一個心理上剛準備探索這個世界的少年人而言，他應該明白，如果他所好奇的人生是個最大的圓，那麼閱讀是許多中圓裡面，可能最大，也可能色彩最繽紛的。至於學校教科書，則是這個中圓裡面許許多多小圓中的一個而已。

但是現在台灣的現實是，我們一直被告知，最起碼在六年中學的時間裡，人生最大的圓就是學校的教科書。這個大圓裡面有很小的一個圓可以是課外閱讀。然後小圓裡又有一個更小的圓，剩下來留給我們當作對未來的好奇與想像。

這還是好的情況。再極端一點，甚至連最後這個小小的空間也沒有自己的好奇與想像，而被填鴨了。

如果說中學六年給我們設下了考試教育的監獄，我見過一個情況是：有人在入獄六年之後，到了出獄那一天卻不捨得離開。

幾年前，我和一個高中應屆畢業的少年有一次談話。

這個少年一向很有自己的想法，在中學低年級的時候，曾經因爲太愛發問、太調皮，而被老師霸凌過。後來，他經歷過種種掙扎、探索，不但進入建中，並且在畢業的時候有很優秀的成績。

那天我會和他見面，是因爲出現一個狀況，他家人說不動他，就要他來找我。但是和他談了好一陣子，到他要離開的時候，我都不知道是否幫上了什麼忙。

他的狀況是：照學測的成績，他可以進台大政治系，但那是他的第二志願；而他堅持要進第一志願台大法律系。因此，他要放棄入學，準備第二年重考。

他的家人，還有我，都勸他如果對法律那麼有興趣，可以進台大再轉系，或者再雙修，但這個少年的回答一直是：「可是我覺得還是重考比較好。」

後來，我覺察到問題所在。這是學校成績太好的學生的問題。他接受不了無法進自己的「第一志願」，只能進「第二志願」的事實，沒面子，所以就鑽進牛角尖。

我雖然經常以監獄來形容過中學六年的生活。但是那天的談話讓我震驚的是：這座監獄的控制和影響力量，顯然遠超過我的想像。

升學主義的教育體制，把學校打造成監獄。進監獄的一切目的，就是爲了離開的時候是否可以風光地搭上升學主義所定義、分等的好車子。

結果連一個在監獄裡的成績已經夠好、已經可以在出獄的時候開一輛賓士車離去的少年，都完全被法拉利才是最高級車的認定所催眠，寧可在監獄旁邊再繼續自囚一年。

後來，這個少年的故事還是喜劇。他回去之後，畢竟還是放棄了重考，選擇進了台大政治系，也雙修了法律，最後再發現自己對管理的興趣，現在走上了他自己規畫的專業生涯之路。

但不見得每個人都那麼幸運。

經過中學階段六年時間的「填鴨」教育，我們的考試被要求「標準答案」，連人生方向也都跟著必須有「標準答案」。換句話說，連人生的夢想和方向都被「填鴨」了。

要打破這個根本性的「填鴨」，我們只能訴求閱讀和人生的一個最根本的連接。

這個連接不再是閱讀飲食的均衡，也不再是調整閱讀的速度、方法，而是建立閱讀和夢想的關係，發現閱讀如何提升人生層次的關係。
我們不能再繼續當拒絕出獄的人。

最好有一個心儀的對象

在探索閱讀與夢想的路途上，最好有一個心儀的對
象。追趕的過程，會驅使我們一路往上攀登。

在探索閱讀與夢想、開啓閱讀與人生層次的路
途上，除了使用種種和閱讀相關的方法之外，
不妨有一個自己心儀的人，以他爲目標，以他
爲追趕的對象，驅使、引導我們前行，不斷打
開更新、更高的人生層次。

我心儀的人，是羅素。

羅素早年對數學先產生興趣，建立了他第一個
專門學問中心。他在二十五歲那年，就提出了
「羅素悖論」，之後有「羅素公理體系」，
三十一歲那年，就發表了《數學原理》，在數
理邏輯上站到了顛峰的位置。

之後他就轉而研究哲學，和摩爾、維根斯坦等
人並列爲分析哲學的開山人物。除了在數學和
哲學方面有著這兩個領域頂峰的光環之外，他
的研究和著作，對認識論、形而上學、倫理學
、政治哲學這些學問的推展，也有里程碑的貢
獻。

除此之外，他爲看不懂愛因斯坦原著的人寫作
《相對論 ABC》，成了經典。他來了中國一趟
所寫的《中國問題》，成爲幾十年來被討論的
名著。他從很特定的議題出發來寫書，如對萊

布尼茲的反駁，十九世紀的德國社會民主，二十世紀中葉的越南戰爭罪行等等，他寫更多通論的政治、教育、宗教、歷史、人生書籍——從知識到婚姻到倫理到權力，涵蓋範圍極大。一生以英文出版著作不下七十種。

知識還能加上行動實踐，行動實踐還能始終不失自己的品味，不失自己的品味還能終究圓滿，羅素都做到了。

因此，他還不只是著述，更起而行動。他有自己的兒童教育理論，不只與各方論戰，更親自開設幼稚園教學，實地證明。他相信自己的政治理論，就親自參與競選，儘管落選。

他出身貴族，擁有世襲的勳爵爵位，但沒有人記得這些，只記得他是堅持的和平主義者，從一次大戰就反對英國參戰，反戰立場與主流民意相違，不但被判刑坐過六個月的牢，被劍橋大學除名，二戰時期甚至不見容於英國，形同流放至美國。

但他繼續堅持。二十世紀的 50 年代，氫彈發明後，他發表了著名的反核戰《羅素—愛因斯坦宣言》；60 年代，羅素以八十九歲高齡參與一個反核裁軍的遊行後，被拘禁了七天；為了反越戰，又和沙特一起成立了一個後來稱為「羅素法庭」的民間法庭，揭露美國的戰爭罪行。

羅素也從來沒放棄過自己對愛情的追求。

他一生三次婚姻。對愛情和婚姻都抱持當時驚世駭俗的開放態度，說過：

「過多的道德束縛是人類不幸的根源，道德不應限制人類本能的快樂，因此提倡試婚、離婚從簡和節育等，認為未婚男女在雙方都願意的情況下發生性關係並非是不道德的行為。」

這種觀點，使他在流浪美國的那 40 年代初，遭到激烈抗議，導致他失去了紐約城市大學的教授職務，生活都幾成問題。但羅素說，「愛情給我帶來狂喜，它如此強烈，以致我經常願意為了幾小時的歡愉而犧牲生命中的其他一切。」

1950 年，他七十八歲那一年，為了「表彰他所寫的捍衛人道主義思想和思想自由的多種多樣意義重大的作品」，羅素得到了諾貝爾文學獎。

羅素是我心儀的一位對象。

「愛情給我帶來狂喜，它如此強烈，以致我經常願意為了幾小時的歡愉而犧牲生命中的其他一切。」這是多麼人性的流露。

雖然我今年已經六十一歲，但我永遠以一個十八歲少年的心情，相信人生的夢想和層次還有無盡的門戶等待打開——而羅素可以把探索知識的範圍拉出如此眼界，又把閱讀與人生的關係，結合得如此渾然一體，讓我相信起碼有這一扇門是可以如此打開的。

我為什麼而活著　羅素自傳序言

對愛情的渴望，對知識的追求，對人類苦難不可遏制的同情心，這三種純潔但無比強烈的激情支配著我的一生。這三種激情，就像颶風一樣，在深深的苦海上，肆意地把我吹來吹去，吹到瀕臨絕望的邊緣。

我尋求愛情，首先因為愛情給我帶來狂喜，它如此強烈，以致我經常願意為了幾小時的歡愉而犧牲生命中的其他一切。我尋求愛情，其次是因為愛情解除孤寂──那是一顆震顫的心，在世界的邊緣，俯瞰那冰冷死寂、深不可測的深淵。我尋求愛情，最後是因為在愛情的結合中，我看到聖徒和詩人們所想像的天堂景象的神秘縮影。這就是我所尋求的，雖然它對人生似乎過於美好，然而最終我還是得到了它。

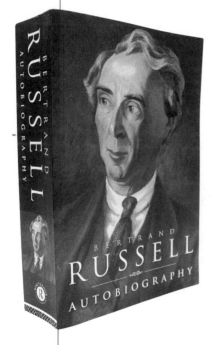

我以同樣的熱情尋求知識，我希望了解人的心靈。我希望知道星星為什麼閃閃發光，我試圖理解畢達哥拉斯的思想威力，即數字支配著萬物流轉。這方面我獲得一些成就，然而並不多。愛情和知識，盡可能地把我引上天堂，但同情心總把我帶回塵世。痛苦的呼號的回聲在我心中迴盪，飢餓的兒童，被壓迫者折磨的受害者，被兒女視為可厭負擔的無助老人以及充滿孤寂、貧窮和痛苦的整個世界，都是對人類應有生活的嘲諷。我渴望減輕這些不幸，但是我無能為力，而且我自己也深受其害。

這就是我的一生，我覺得它值得活。如果有機會的話，我還樂意再活一次。

──摘自《羅素自傳》（譯者：胡作玄、趙慧琦／北京商務印書館出版）

羅素著作

當一位作者的寫作範圍如此遼闊，出版的著作如此之多的時候，一個想對他有多一點了解的普通讀者，如果不是只想聽別人的建議，而是想自己著手探索的話，有很實際的一個苦惱：不論從荷包著想，還是從閱讀的消化著想，都應該先從一兩本著手比較好，但，這麼多作品，到底先從哪一兩本下手比較好？

網路書店有一些介紹，但那是某些人特別摘錄的，要了解像羅素這種人的作品，一個讀者需要更多的自我探索，因此那是遠遠不足的。

圖書館裡收藏得很齊全，可以借閱比較，但除非開架，否則你無從一次站到他六、七十種（或至少三、四十種）著作前瀏覽、比較。而光看書名一本一本地借閱，運氣好，借到的那一本正好讓你感興趣倒好，運氣不佳，連借了五、六本都讀不下去，只怕你要從此遠離羅素這個人了。

一個真心為讀者服務的書店，長期關注自己圖書館區內容的書店，這個時候正好可以發揮互補的作用。讀者可以隨意拿下任何一本著作，實在看不懂、不感興趣的就放回去，而一旦翻閱到他感興趣的地方，就從此進入羅素的世界。

一個讀者有時候就是需要自己去探索的空間，這裡的羅素作品，只是一個小小的例子。

羅素的著作太多，這裡只選一些來看其涉及範圍之廣：

German Social Democracy
A Critical Exposition of the Philosophy of Leibniz
The Principles of Mathematics
Principles of Social Reconstruction
Justice in War-time
Mysticism and Logic and Other Essays
The Practice and Theory of Bolshevism
The Problem of China
The ABC of Relativity
On Education, Especially in Early Childhood
Why I Am Not a Christian
Marriage and Morals
The Conquest of Happiness

Religion and Science
Which Way to Peace?
Power: A New Social Analysis
An Inquiry into Meaning and Truth
A History of Western Philosophy
Human Knowledge: Its Scope and Limits
New Hopes for a Changing World
Satan in the Suburbs and Other Stories
Common Sense and Nuclear Warfare
Fact and Fiction
Has Man a Future?
War Crimes in Vietnam

文藝復興人

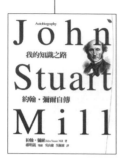

西方百科全書人的訓練，約翰·彌爾是一個例子。他三歲學希臘文，八歲學拉丁文，十二歲學邏輯學，十三歲就寫下《政治經濟學要義》。

西方一直有一種以個人之力，而將全部人類知識架構納為己有的努力。這個傳統源自於柏拉圖的主張：人要思考得清楚，最好明白所有的事情。

英文的 Encyclopedia（百科全書），源自於希臘文的 enkyklios paideia，總合教育（general education）的意思。所以，讀書人希望成為一個「百科全書」人，是從古希臘就有傳統的。其中，亞里士多德是個代表，他的知識涵蓋了詩學、修辭學、倫理學、形而上學、政治學、動物學、植物學、物理學、邏輯，無所不包。

文藝復興時期，又出現了一批人的知識範圍廣闊得驚人，其中以達文西為代表，因而這種學識淵博的人開始有了「文藝復興人」的稱呼。

十七世紀的培根，承接了這個傳統，他設計的知識架構，為其後一百多年出現的近代百科全書的形貌，勾出了藍圖。笛卡兒，也是此中的代表。其後美洲那位又能建國又能寫作又能發現電的作用的富蘭克林，也是代表。羅素，是這個傳統下的一員。

梁啟超 16 歲就中舉人，被譽為「嶺南奇才」。《飲冰室合集》共 40 冊 149 卷，約 1400 萬字。北京中華書局這個版本編為 12 集。

中國，由於科舉制度影響了「經書」之獨尊，則相對不以此為社會價值觀的主流。明末清初，大約和培根同一時間的顧炎武，雖然喊出了「博學於文，行己有恥」，並且自己也身體力行，研究天象、地理、兵事，但仍然會認為「君子為學，以明道也，以救世也。徒以詩文而已，所謂雕蟲篆刻，亦何益哉？」

中國看到比較多百科全書人身影，要到清末民初。一批受過中國傳統知識架構訓練的讀書人，在特殊時空背景加上急迫的使命感之下，反而快速地兼顧中西，橫越研究與實用，年紀很輕就嶄露頭角。梁啟超，可以說是其中的代表。他的知識架構一路從政治、經濟、財政、史學、文學、哲學，延伸到宗教、社會與文化研究，也展現了驚人的光譜。

進入二十世紀後，中國社會因為種種政治與社會環境的限制，反而讓百科全書人的出現，又多了許多束縛。

孤獨之用

孤獨，是我們閱讀的最後憑藉，也是機會。

夢想和閱讀，有一個相通或相同之處：孤獨。

夢想的孤獨，在於說給別人聽也不懂，或者還會遭到嘲笑，因此只能自己以「雖千萬人吾往矣」的決心前行。

閱讀的孤獨，尤其是紙本書，在於那是和作者的對話，而這個對話在越孤獨的狀態下進行越有力量。

因此，回頭看這本書前頭所說，讀書是打開一個黑夜的比喻，可能另有意義。

讀書和黑夜，都可以讓我們對孤獨深有體會。

白晝我們比較不會感到孤獨，黑夜則會。同樣的，網路上的閱讀，有音聲、動畫、社群，比較不會孤獨，但是閱讀紙本書，則會。

紙本書設計的本身，以及氣場，本來就是在邀請我們孤獨地進行閱讀。

更何況，書在一些特殊的孤獨狀態中閱讀，格外有種撼人心神的力量。

香港城市大學的張隆溪教授，曾經寫了一篇文章，談他的一段閱讀經驗。

張教授在文革開始後不久，到四川南部一個山區下鄉，在那裡當了三年農民。當時他的體重不到一百磅，沒有足夠的食物，生活非常艱苦。唯一陪伴他的，是兩本書。其中一本是希臘羅馬文學的讀本，內容包括英譯荷馬史詩、希臘悲劇等等。

在那個荒涼的山村，夜裡他只能在自製的小煤油燈，微弱的光線下讀書。

也因此，當他讀《伊底帕斯王》讀到最後一句，「在一個人生命尚未終結，沒有最終擺脫痛苦和憂傷之前，不要說他是個有福的人」的情境，格外逼人。

他回憶讀完這最後一句時的場面是這樣的：

正是午夜之後，四圍是無邊的暗夜，只有一燈如豆，映照出索福克勒斯悲劇那驚心動魄的文字……竹林裡一陣蕭瑟的風聲，河裡遠遠傳來潺潺的水聲，我好像獨自一人處在洪荒曠野之中，感受到天地自然那種原始、神祕而無可抗拒的力量。

張隆溪後來有奇遇，一路到北大有機會親炙錢鍾書與朱光潛等先生，之後又成為國際知名的比較文學與文化學者，都是從那個孤獨的夜晚開始的（詳閱《他們說》）。

在孤獨中閱讀，在孤獨中摸索自己的夢想，還有更重要的一個作用是：我們可以保持自己獨立的思考。

今天在網路時代，我們不怕沒有機會加入社群，或是從協力合作中學習。反而，我們需要注意保持自己不受他人影響，對世界與人生有獨立的觀察與夢想。

這本書訪問了幾位對閱讀深有體會的人。各有風采。
（Net and Books 出版）

求學中的人，需要在考試教育的種種洗腦中，眾所追求的「標準答案」、眾所認定的法拉利跑車中，孤獨地保持清醒。

出了社會的人，更需要在各種現實、工作、生活的壓力下，眾聲喧譁又互相攀比的價值觀裡，孤獨地保持清醒。
從閱讀中尋找夢想，往夢想前行中尋找閱讀，是一個人在深夜的峻峭崖壁上逐步移動。只有享受孤獨的人才能體會這場心智的攀岩到底有什麼意義。

孤獨，是我們閱讀的最後憑藉，也是機會。

一張皮椅、一張邊桌、一座立燈的作用

藍調歌手 John Lee Hooker 有一首歌〈One Bourbon, One Scotch, One Beer〉。

藍調是值得一聽的。〈One Bourbon, One Scotch, One Beer〉在這張 CD 裡。

這讓我想到，現代都市裡，一個閱讀的人要有個孤獨的閱讀情境，最好的配備就是一張皮椅、一張邊桌、一座立燈。
皮椅，得是仿十九世紀維多利亞時代的那種厚牛皮的單人椅，還得帶個伸腳的墊椅。由於是結實的厚牛皮，所以坐上去不會陷進去，舒服，Fit in，又可以讓你保持精神的清醒。
邊桌，不能太大，也不能太小，夠你在上面擺了手提電腦後，再擺一杯茶，或咖啡。拉過來，你放下手邊的書，就可以上網。
立燈，燈罩的部份一定是可以上下左右活動的。這樣，燈光可以調整角度，對你的書，對你的電腦螢幕，可以有個最合適的角度。
當然，如果奢侈一點，你的皮椅旁最好還有一扇窗子，可以看得到外面的天空。不過，那只是額外的選擇。
你最重要的組合，只是一張皮椅，一張邊桌，一座立燈。

這樣，不論是你起得早，別人還沒起來的清晨，還是你睡得晚，夜深人靜之際，你搬一堆書，坐進皮椅，恰到好處的扶手，恰到好處的背靠，你像是躺進了一個太空膠囊，又像是坐進了一個時光機器的駕駛座。

這是最適合都市人的孤獨時刻，也是孤獨的所在。

290

結語：
第三類文盲及 Leonard Cohen 的歌

梭羅在《湖濱散記》中，有一篇談閱讀的文章提到，文盲
不是只有一種。

「大部份人學習閱讀，所求不過是一些瑣碎的便利，
一如他們學算術是為了記帳，做起買賣不至於受騙；
至於把閱讀當作一種高明的智力活動，可以說是一無
所知。」

梭羅感嘆：「我們讀的，頂多是些輕鬆讀物、教科書
和導讀書；離開學校之後，則是些小讀物和故事書
……因此，我們的閱讀、談話和思想都很低落，只夠
得上小人國和侏儒的水平。」

梭羅指出兩種文盲的型態：「一種是目不識丁的市民；
另一種是識字，可是卻只讀兒童讀物和智力低弱的讀
物。」

梭羅寫這段話的時候，離工業化時代揭開序幕，第一次知
識經濟革命發生，以及法國大革命所帶動的國民普及教育
與閱讀發生，都不過六、七十年的事情。

在那個大家都為民智大開而歡呼的年代，梭羅卻針對學校
教育與教科書在閱讀這件事情上的不足，而提醒大家注意
第二類文盲的存在。

在梭羅身後的這一百五十多年裡，世界發生了翻天覆地的
變動。閱讀的世界也是。

今天的教育更普及。各式主食、美食、蔬果、甜食讀物，
網路與數位閱讀內容之豐富，無與倫比。行動載具之發達

，更使得每個人都歡愉地享受無時無刻不在進行的閱讀與寫作。

然而，梭羅的警語，仍然在迴盪。

我們有可能因為在考試教育中成長的種種後遺症，雖然在閱讀的密林裡持續移動，但卻是原地徘徊；雖然自以為有吃有喝，其實只在揀食瑣屑；雖然看得到一些明暗的變化，卻從沒見識過真正的天光。
我們可能不再是第二類文盲，但卻有可能是第三類文盲。

就讓我們跨越所有這些綑綁與障礙吧。

在「網路」與「書」並盛的這個時代，我們可以徒步探索閱讀密林最隱蔽的角落，也可以使用插翼的蓮花跑車飛翔其上；我們找得到通往溪水的路徑，也知道如何享受豐盛的饗宴；我們可以使自己的人生不斷往新的層次提升，也可以開展並實踐新的夢想。

Leonard Cohen 在他的歌裡如此吟唱：

定稿那天，這張專輯陪我從深夜穿越黎明。
曙光中聽《In My Secret Life》，美好。

Hold on, Hold on, my brother,
My sister, hold on tight.
I finally got my orders.
I'll be marching through the morning,
Marching through the night,
Moving cross the borders
Of My Secret Life.

是的，我們可以跨越這一切的。

初版後記

在韓國釜山讀小學三年級的時候，級任導師給了我一份很特別的作業——她要求我每天寫一篇作文或日記交給她。

每天交一篇作文，對一個小三的學生，眞成了頭痛問題。很快就擠不出東西，但隨便寫兩句「今日無事」當然也過不了關。幸運的是，我發現了一個解決之道。

我在家裡找到一本父親的書。書紙黃黃的，字都是橫排的。書裡按各種主題，整理收錄了許許多多文章。從一年春夏秋冬四季的變化到悲歡離合，從抒情到論述，從人物描寫到山水花草，各式各類的文章都有。每篇文章後面括弧裡署一個人名。於是我就每天找一個主題，偷偷更動一些地方，「臨摹」起來。

那眞是一本祕笈。如此這般，靠著祕笈，我熬過了這一年的功課，也得到了一本書的獎勵。

我偷偷臨摹的那本祕笈的書名現在不記得了，但是隨著年歲長大，卻逐漸知道那些括弧裡所署的人名代表了什麼：魯迅、冰心、林語堂、胡適、周作人……

那本書後面，印了一個 CP 的標誌。只是，對那個釜山華僑小學的孩子來說，他並不知道自己跟閱讀與寫作的關係，因爲這一本書而起了微妙的化學作用；他也無從想像，這些化學作用，將來有一天會把自己和那個標誌所代表，叫作「商務印書館」的公司，帶出另一段緣分。

所以，在這篇〈後記〉裡，我不能不感謝一些人。

侯長蘭老師，她讓我在小三的時候有了那麼一份奇妙的作業。作業做到今天，我還在做得很開心。

馬榮義，她在 1990 年送了我一本加了六祖惠能口訣的《金剛經》。如果要選一本「荒島之書」，陪我直到永遠地守在一個荒島上，我很高興有這一本書。

汪益，在一些相持不下的爭執後，介紹我讀了一本《如何閱讀一本書》，激起我思索「如何尋找一本書」，以及其後七年裡的許多事情。

這些書都在一些關鍵時刻幫我在牆上畫出了一道門戶。

在倉促的情況下同意為這本書做插畫的張妙如，讓這本書多了一份原先沒有的感覺，在此表達謝意。

要感謝洪蘭教授所寫的序，她從沒有停止過對閱讀的推廣。吳繼文為這本書所寫的序，讓我意外地了了一段公案。

王強、朱敬一、何英超、孫大偉、張大春、陳浩、陳昭珍、曾淑賢、張隆溪、趙學信、劉蘇里、韓良露、蔡志忠等諸位先生在百忙中，或是提出建議，或是和我有頻繁的書信討論，讓我有所調整，也在此一併致謝。

最後要致謝的還有張士勇。她在這本書書名還沒決定之前就設定的開本和美術形式，正好符合後來越界閱讀這個題目。編輯 Winnie 配合一個麻煩的作者，辛苦之處也多謝。

最好的結束，應該是另一個新的開始。

這本書，我曾經以為是六年前提出 Reader Takes All 的概念時，就已經決定了方向和內容。但是很快就發現不然。方向和內容，是不同的兩件事。我必須經過六年的摸索，然後才能在最後的八天裡寫成初稿。

我知道這些都將陪伴著我踏上一個新的旅程，這讓我感受到一種心情微微波動著的歡喜。

在我即將踏上新的旅程之前，且讓我也祝福您，我親愛的讀者，在閱讀的密林裡，旅程愉快。

我的人生很簡單，就是追求快樂。

追求快樂的過程中，我發現，只有坦白地面對痛苦、了解痛苦，才終能放下痛苦。這一過程的經歷，往往能得到最真，且最大的快樂。面對人生，了解人生和自己，讓我對活著的一切好壞都充滿感激，真正開始能享受我的人生和享受我活著的週遭一切。

如果沒有知識和智慧的追尋，我永遠難以釋懷人生和自己。而知識智慧的獲得，最簡單的方式就是閱讀。

我很幸運地，僅是這樣少量的得到知識的一點片鱗半爪，就已經能讓我快樂成這樣，我不知道如果得到更多，我會富有成怎樣？那是難以想像的美好世界！

「郝愛讀」一直是我人生中的「提款机」之一，不只他的書，常常我只是和他閒聊幾句，順手牽羊拿窗他幾個小銅板，就能讓我受用良多！（可見他多富有！）這本書更不在話下！某個角度來說，有點像是一个武林高手，寫了一本練功秘笈，雖然越到後面越覺得精深難隨，可是你知道，一旦練成了，受益無窮。

我也不知道自己為何有榮幸擔任本書插圖製作？我也想過，或許我應該要做的是武功招式的幫助圖解？可是我自己都還沒練好，哪有能力？我決定自己在旁胡亂敲敲鼓！我只希望這樣能吸引更多年輕人注意，趁早開始練功！至於已經有一些功力的人，我知道你們或許嫌吵，但這是噪音必然不影響你們觀賞主角的演出吧？畢竟，這也不是有聲書嘛…（逃）

祝各位
人生快樂！

吐錢出來呀！！
喂！！
給我十億！！

拜託喔…
就算是真的提款机，
也有領款限額好
不好？…

ATM

張妙如 '07.4.11

初版附錄：兩位老師的來信

這本書的書稿，我還請兩位教師看過。其中一位我認識多年，一位素不相識。
我從這兩位老師的回信中摘錄了片斷在這裡，並希望所有的讀者都能繼續到我們
的網站 www.netandbooks.com 上參與討論：

一位中學老師的來信：
如果，您要問我對現階段教科書和學校教育的看法，我認為，有極大改進的空
間，但有極小改進的可能。

以國文而言，應該最是可以廣伸觸角的科目。
但是，以升學取向的名校，多半會以書商的參考書，如：「歷屆基測閱讀測驗」、
「一百天增進閱讀能力」之類的短文測驗，作為提高學生閱讀「廣度」的速效
良藥。說穿了，這只是另一種學校餵食的補品。

而偏遠地區的學校，狀況更為不利。
您在書中提到的：「小學時培養識字能力……」對文化不利的孩子們來說，是
無法做到的（如果您在教育界，將會非常訝異有那麼多學生讀到中學，別說變
成了第二類文盲，仍是第一類文盲的亦大有人在）。
在這種狀況下，程度較佳的學生忙著吸收參考資料，對校方給的各項補品如鯁
在喉，豈有餘暇探索自己感興趣的閱讀？而程度較差的孩子，連維他命都吞不
下去，遑論其他閱讀世界中的美食、蔬果等等。

另外，雖然文化水平較高的家長，知道廣泛閱讀的重要；校內的教師，也明白
開卷有益的道理。但是，大部份的教育工作者，還是服膺教科書。因為，按照
教科書上課最輕鬆，亦最沒有風險（現在的書商都附有備課用書。面對程度較
佳的學生，教師仍需自己找資料豐富教學內容；但對程度差的孩子，教師的備
課用書就成了不敗的葵花寶典！至於它砍掉了什麼重要的資訊，已不是教師的
考量範圍了）。
服膺教科書還有一個更重要的理由。就是教師還是認為中學教育是扎根的教
育。並非每一個人都認同這是閱讀的「維他命」；更多人深信這是萬丈高樓平
地起的基石，是獲得基本能力的磚塊。鮮少教師會拿磚塊砸自己的腳，也鮮少
教師會在磚塊尚未砌好時，就插上其他課外閱讀的花花草草。

一位小學老師的來信：

我就想做個圖書館員，而且，是兒童圖書館員，因為我發現我身邊很多朋友不用圖書館是他們不知道圖書館這麼好用，因為我們一路的學習並沒有納入圖書館利用教育課程，然而大人都很忙，我想就從小孩身上下手吧！我興致勃勃的盤算我未來的規畫，但晴天霹靂的是：我們國家不用專業的兒童圖書館員、學校圖書館員，我縱有滿心的理想，但沒有施展的空間。我民國 79 年畢業是這樣，現在民國 96 年了，情況依然。

2002 年，我有機會應香港學校圖書館主任協會之邀，赴港分享我在班級閱讀經營的種種。我很羨慕的是，香港在回歸之後，他們體會閱讀教育的重要，他們要把閱讀納入學校課程，第一件事就是先在學校圖書館裡擺上個專人，專責該項業務，不管政策如何搖擺，總有個人用心在這事上，借用您的閱讀飲食譬喻，廚房總也得有個廚師吧！而我們呢？我們大部份學校的圖書館（我是指中小學）若能像個書庫已經算不錯了，何況專人負責？而這缺點就是當教育部長疾呼閱讀重要時（只可惜曾志朗僅主政短短兩年），大夥兒一窩蜂拼業績，待風聲過後，個人又忙個人去了！我想問的是，我們台灣真的窮到請不起學校圖書館員嗎？同是華人世界，為什麼香港能、新加坡能，我們就是硬不把這當一回事呢？……

再說說老師的立場吧，我是高年級的導師，我期望將閱讀規畫融入學校課程中，但這其中勢必擠壓到複習考試時間，我還是考試的，只不過就月考前的複習，但家長顯然相當不放心，他們要的就是分數，從台北到花蓮，我總要花上好多功夫去說服家長。在沒有升學壓力的小學況且如此，我不敢想像中學生老師該如何抵擋這股洪流。事實上，認同將閱讀帶給孩子的中學老師是有的，但面對升學掛帥的現實總不免氣弱，幾次和中學老師們分享的經驗，總叫我頗有股心有餘而力不足的感覺，我真不知我們要如何擋住家長只要我們餵維生素和類固醇給孩子的壓力？我多麼多麼期盼您這本書能喚醒更多家長放棄這些自以為是的堅持！但我更期望的是，相關部門能體認到，該是給我們孩子閱讀課程的時候了，還有，考試也不該只是檢視答案的標準與否，更該有所申論，讓孩子展現想法……我好像把您給當教育部長了，有些不知所云，我只是想說，閱讀就是要給時間，孩子每天每天考成那樣，我也真不知該如何說服家長讓他們把時間釋放給那些可憐的小孩？

Passion 12
越讀者
（十週年增訂版）
Reading in the Internet Age

作者：郝明義
繪圖：張妙如
責任編輯：張雅涵
版型設計：張士勇工作室
封面設計：林育鋒
校對：呂佳眞

出版：英屬蓋曼群島商網路與書股份有限公司台灣分公司
發行：大塊文化出版股份有限公司
台北市 105022 南京東路四段 25 號 11 樓
www.locuspublishing.com
TEL：(02) 8712-3898　FAX：(02) 8712-3897
讀者服務專線：0800-006689
郵撥帳號：18955675
戶名：大塊文化出版股份有限公司
法律顧問：董安丹律師、顧慕堯律師
版權所有 翻印必究

總經銷：大和書報圖書股份有限公司
地址：新北市 24890 新莊區五工五路 2 號
TEL：(02) 8990-2588
FAX：(02) 2290-1658
製版：瑞豐實業股份有限公司

初版一刷：2007 年 5 月
三版一刷：2017 年 9 月
三版六刷：2023 年 10 月
定價：新台幣 350 元
ISBN：978-986-6841-80-4

Printed in Taiwan

國家圖書館出版品預行編目資料

越讀者 （十週年增訂版）/ 郝明義著；張妙如繪圖 . --
三版 . -- 臺北市：網路與書出版：大塊文化發行，
2017.9　面；　公分 . -- (Passion ; 12)
ISBN 978-986-6841-80-4(平裝)

1. 閱讀

019.1　　　　　　　　　105018142